THE ONLY GAME IN TOWN

负利率时代

货币为什么买不到增长

Central Banks,
Instability, and Avoiding
the Next Collapse

[美] 穆罕默德·埃尔-埃里安 Dr. Mohamed A. El-Erian ◎著

巨澜◎译

中信出版集团 · CHINACITICPRESS · 北京

图书在版编目（CIP）数据

负利率时代：货币为什么买不到增长 /（美）穆罕默德·埃尔-埃里安著；巨澜译. -- 北京：中信出版社，2017.1（2021.3 重印）

书名原文：THE ONLY GAME IN TOWN: CENTRAL BANKS, INSTABILITY AND AVOIDING THE NEXT COLLAPSE

ISBN 978-7-5086-6784-3

I. ①负… II. ①穆… ②巨… III. ①中央银行–金融政策–研究–美国 IV. ①F837.123

中国版本图书馆 CIP 数据核字（2016）第 240571 号

负利率时代：货币为什么买不到增长

著　　者：[美] 穆罕默德·埃尔-埃里安
译　　者：巨　澜
策划推广：中信出版社（China CITIC Press）
出版发行：中信出版集团股份有限公司
（北京市朝阳区惠新东街甲 4 号富盛大厦 2 座　邮编　100029）
（CITIC Publishing Group）
承 印 者：北京画中画印刷有限公司

开　　本：880mm × 1230mm　1/32　　印　　张：11.25　　字　　数：195 千字
版　　次：2017 年 1 月第 1 版　　印　　次：2021 年 3 月第 3 次印刷
京权图字：01-2016-7432　　广告经营许可证：京朝工商广字第 8087 号
书　　号：ISBN 978-7-5086-6784-3
定　　价：58.00 元

—赞 誉—
THE ONLY GAME
IN TOWN

这是现在必读的一本经济学书……如果你想了解这个分叉世界和它的未来方向，再没有比穆罕默德·埃尔–埃里安更好的解读者了……本书是一本非常优秀的入门读本……当今世界在努力应对低速增长、不平等加剧以及由此产生的民粹主义、民族主义和各个国家（从美国、法国一直到中国）的党派政治等各种问题。在这种形势下，我们对世界应该有何期许，这本书指引了我们的思考方向。

——《时代周刊》

为什么全球经济现在很大程度上是由未经选举产生的中央银行来操控的？通过极具智慧的分析，本书作者阐述了民选政府在经济管理的基本职责方面是如何失职的，以及为什么这可能会导致一场失控的巨大危机。

——CNN

还有什么能比一本书的关键词是“中央银行、不稳定、避免下一次崩溃”更给力的呢？还有谁能比穆罕默德·埃尔–埃里安写得更好呢？他从“新常态”的概念出发，敏锐地捕捉到当今时代低增长、低通胀、低投资回报率的实质……他提出，为了应对当今重大的经济挑战，电梯推销那一套已经彻底行不通了。这些观点令人耳目一新……这是一本发人深省的好书。

——《金融时报》

本书是对于联邦储备局限制的一个警告……对那些认为华盛顿政客们是酒囊饭袋的人来说，埃里安的判断有些令人不寒而栗……埃里安认为，现在最重要的是对具有更大潜力去创造稳定性的实体经济进行大规模投资，而这些措施只有总统和国会有权实施：改善公共基础设施、加强教育和职业培训、检查复杂的税收制度盛行的不当诱因。

——《纽约时报》

埃里安以银行为背景，讨论了当今全球经济的十字路口，以及各个机构在创造未来的过程中所扮演的角色……这位备受尊敬的金融从业者探讨了当前的经济形势以及中央银行发挥的作用，使得本书极具可读性，那些希望了解影响金融稳定性的经济或政治决策的读者一定会受益匪浅。

——《图书馆杂志》

本书富于启发性……埃里安详细描绘了中央银行在国家和全球经济发展中的角色变化轨迹……中央银行进行的各种实验性政策，甚至为了推动经济腾飞不惜弄虚作假……例如，在没有任何先例的情况下，实行负利率和其他非常规货币政策，其结果必然导致自上而下的经济波动。

——柯克斯评论

穆罕默德·埃尔-埃里安是一位非常出色的投资分析师、投资者以及市场评论员。他提出的“新常态”概念具有先见之明，并且已经得到了证实。不管你同不同意，他在本书中的想法都值得思考。

——劳伦斯·萨默斯　美国前财政部长

这本书完成了几乎不可能完成的任务：它将复杂的金融问题和事件化繁为简，深入浅出，寓教于乐。对那些关注全球经济和未来走势的人来说，本书是必读之作。它提出了关键问题，探索了所有相关主题，提供了全面的政策建议，非常了不起。

——杰克·韦尔奇　全球第一CEO

从Airbnb和颠覆性的技术的兴起，到对俄罗斯的外交政策的担忧和中东的动荡局势，再到负利率和“新常态”，这是个处处充满困惑的世界，决策者的工作困难到令人难以置信。要论对市场、政策知识方面的熟悉度，还有谁能比穆罕默德·埃尔-埃里安来得更加得心应手呢？这本书是一部伟大的作品。

——奥利维尔·布兰查德　彼得森国际经济研究所高级研究员

如今，全球经济饱受低增长和不平等的困扰。通过对世界主要央行正在使用的工具的观察，穆罕默德·埃尔-埃里安告诉我们如何可以促进包容性增长的方法。他是我们这个时代最有头脑的金融分析师之一。

——沃尔特·萨克森《史蒂夫·乔布斯传》作者

穆罕默德·埃尔-埃里安从投资者、公务员以及分析师的角度解读全球经济。他在本书中迫切想要传达的信息是：如果继续把全球经济发展的重担都压在央行的肩上，势必不会有什么好结果。如果他的说法是对的，那么我们所有人，包括政府、企业、金融和个人，都需要了解为什么以及如何去未雨绸缪。

——杰西卡·马修　前卡内基国际和平基金主席

这本书是对全球经济感兴趣的读者的必读书目。不仅精确描述了全球金融危机之后央行摇身一变成为唯一玩家的过程，还阐明了其他结构和财政政策如何才能变成解决全球经济重要问题的必需。埃里安是我们这个时代关于全球关键问题最优秀的思考者之一。

——鲁里埃尔·鲁比尼　纽约大学经济学教授

在这本书中，穆罕默德·埃尔-埃里安做了几件非常重要的事情。第一，对于国家和全球范围面临的在持续包容性增长方面的多重挑战，他第一个提出了真正的、全面的评估；第二，他通过央行和货币政策来审视这一切——只有极少数例外；第三，他巧妙剖析了几乎无处不在的单手应对政策的局限性及其风险；第四，他指出这是一段我们无法再继续走下去的旅程——我们既要打破优势水平和增长质量，又要避免性能下降和不稳定性。之后，他提出了一种有帮助的思维模式——无论是对决策者还是我们来说——为我们在这个未知的复杂领域引领方向。这是一部杰作。

——迈克尔·斯宾塞　诺贝尔经济学奖得主、纽约大学经济学教授

穆罕默德·埃尔-埃里安理解市场和经济，他明确指出并冷静分析了导致当前全球经济增速放缓以及正在接近的分叉路口的力量。前方道路可能通向危险的180度转向，或者更持久、更具包容性的增长。在埃里安看来，好消息是决策者、企业和我们自己仍然牢牢把握着经济发展的轮盘，能够引导经济朝着更好的方向发展。

——艾伦·克鲁格　普林斯顿大学经济学与公共事务教授

想要理解快速扩张、央行在全球经济发展中所扮演的角色，以及我们面临的机遇和挑战，本书是不可或缺的指南。

——詹姆斯 · 波特伯　麻省理工学院经济学教授、美国国家经济研究局总裁兼首席执行官

本书讲的是关于央行的事情，但它实际上包含着更多的内容：从今天的宏观经济环境所需要的投资策略，到经济所处的“新常态”下政府所面临的税收和公共事务方面的艰难抉择。埃里安令人难以置信的世界观，远比他丰富的经验更令人印象深刻，透过他的双眼看待全球经济，给我们带来了一堂真正的教育课程。

——亚当 · S. 波森　彼得森国际经济研究院院长

穆罕默德 · 埃尔-埃里安，是全球经济趋势最敏锐的观察家之一，现在无处不在的那个词语“新常态”就是他最早提出的。五年前，他担心全球经济可能需要数年的时间才能重回正轨；而现在，他忧虑的则是全球经济将会跌落金融悬崖。本书给读者带来了一些好消息，里面谈到，如果政策制定者团结一致集体行动起来，事情也可能会有转机；然而坏消息是，那些经验丰富、久经商场的资深从业者们，并非全都抱持乐观态度。未来五年，全球经济将会如何展开，想要了解这一点，本书无疑是必需之书。

——肯尼思 · 罗戈夫
哈佛大学公共政策教授，前国际货币基金组织首席经济学家和研究部主任

—目　录—

THE ONLY GAME IN TOWN

第三部分　从“是什么”到“怎么样”

第四部分　前进的理想方式

第五部分　从应该发生什么到可能发生什么

—序—
THE ONLY GAME IN TOWN

财政之道不在多，在精。

——马丁·沃尔夫——

依靠央行的应急措施来提高增长的机会基本上已经穷尽。

——拉里·萨默斯——

在过去几年中，全球经济的发展方式一度被认为是极不可能的。然而，这种现象不但持续至今，而且就像在本书中说明的那样，在未来一段时期内还将得到进一步加强。

2008~2009 年的全球金融危机几乎撼动了每一个国家、政府和家庭。尽管大量政策已经干预了央行以及转型技术创新，但随之而来的，是令人沮丧的低速增长“新常态”、不断增长的失业率、政治机能失调以及某些时候的社会紧张状态。

现在，这种新常态的疲态日益显现，紧张迹象倍增，以致全球经济发展之路几入绝境，而且这种情况的发生很可能是突然之间的。

我们越接近这个历史转折点，特别是当这个趋势变得日益明显的时候，不可思议的事情就会变得越来越稀松平常，人们的不安全感也将与日俱增。不同于自动平稳的转型，目前的道路会被两种截然不同的新道路取代：第一条道路承诺更高的包容性增长和真正的金融稳定性；第二条道路与第一条道路形成鲜明对比，它带来的是更缓慢的经济增长速度、周期性经济衰退以及金融不稳定性的卷土重来。

幸运的是，“新常态”力竭之后随之而来的会是什么，尚无定数。家庭、政府和国家的选择都在间接影响着这条即将到来的“T字路口”（图1）之后的出路。为了做出更好的选择，我们需要理解究竟什么力量在起作用，以及它们有可能演变成什么样子。为此，我们有必要研究世界主要央行的过去、现在和未来。

这些曾经沉稳、单调、乏味的机构，如今已成为世界最主要的且大多数时候唯一的决策者。之前放任金融风险承担能力失控，这是它们的失职；但在全球金融危机期间，它们转向了

图 1　T 字路口

积极干预模式，在这个过程中，它们把世界从持续多年的、几乎要造成民不聊生、社会动荡的大萧条中拯救了出来。

在觉察到其他政策制定者们被机能失调的政治活动搞得斗志丧尽之时，央行发现了一些可以刺激全球经济持续增长的实验性的方法。尽管这些方法有些人为的刻意因素，尽管经济繁荣的底层引擎还有待改善，但它们还是那样去做了。

现在，人们仍然期待着这些金融机构可以继续创造奇迹，怎奈能力有限，想要反反复复地从政策帽子里变出新兔子，谈何容易。

对央行来说，这个重要的角色也是全新的。几十年来，它们一直运作在远离聚光灯的地方，这些守旧而自负的机构的大多数追随者——基本上也都是货币经济学家和政策专家这个小圈子里的人——觉得央行里面都是一些非常传统的技术官僚，运用各种复杂的技术工具，在幕后悄无声息地工作。

17世纪，全世界第一家央行在斯堪的纳维亚半岛建立，就在同一世纪的1694年，英国央行英格兰银行创建，它被普遍认为是现代央行之父。尽管大英帝国已经消亡，但“针线大街上的老妇人”（英国央行的昵称）仍然是这个“神秘独家俱乐部”中最有影响力的成员之一，它对世界上绝大多数央行的设计都产生过深远影响。

然而，与美国联邦储备委员会（FED，以下简称“美联储”）以及欧洲中央银行（ECB，以下简称欧洲央行）相比，英国央行的实力不免相形见绌，美联储是世界上最强大的央行，欧洲央行是欧洲共同货币（欧元）的发行者——欧元已经被19个国家使用，是地区历史一体化项目中最先进的组成部分。

但要论年纪，这两个机构和英国央行相比，都要年轻太多太多。

1913年，为了应对当时的金融动荡，美联储得以建立。今天，作为管理美国50个州和地区，且得到国会授权运作的央行，美联储的任务是“为国家提供一个安全、灵活、稳定的货币和金融体系”。

欧洲央行成立于1999年，而欧元体系中的一部分就是要求国家和央行共同协作。欧洲央行的目标是保持价格稳定、维护共同货币、监督以银行为主的信贷机构。

为了达到某些特定的宏观经济目标，所有央行都有权管理国家货币以及货币供给。一般来说，它的目标是保持低速稳定的通货膨胀，在某些情况下会调整为提高就业率和促进经济增长。近几年来，越来越多的央行还被赋予监督部分金融体系、确保整体金融稳定的职责。

在最基本的操作层面，央行直接或间接地控制着货币流通的价格和数量：直接控制的方式是调整对银行收取的利率以及银行的信贷总额，间接控制则是指央行对整个系统风险偏好和总体金融情况的影响。在这些过程中，央行被政治领导人们授予了越来越大的经营自主权。

政府直接或间接通过议会为央行制订宏观目标，之后就放任它们去自己选择工具来实现这个目标。那些只关注自己连任前景的政客们对这件事一直保持着乐观的态度，觉得可以让央行规避短期政治风险。但也正因为如此，央行的权力和影响迅速膨胀。

以美联储为例，与其他央行一样，它在任务、工具和影响方面也经历了戏剧性的增长，它不再简单地仅是货币唯一的发行机构，而是变成了更加复杂的银行系统的监管部门。具体来说，引用美联储在其网站上发布的声明（http://www.federalreserve.gov/aboutthefed/mission.htm），美联储现在的职责是：

• 在追求就业最大化、物价稳定以及温和的长期利率的过程中，通过影响经济中的货币和信贷状况，拟定并实施国家货币政策。

• 监督和规范银行机构，以确保国家银行和金融系统的安全与稳健，保护消费者债权。

• 维护金融系统的稳定，遏制系统性风险在金融市场上出现的可能性。

• 为存款机构、美国政府和外国官方机构提供金融服务，包括在国家支付系统中扮演重要角色。

虽然在责任、力量和影响方面有如此巨大的膨胀，但在过去几年中，央行本身对这种前所未有的转变的到来也是毫无准备的——无论在全球金融危机期间还是之后。

央行被迫放弃了自己多年来维护的神秘身份以及高度的技术定位，戏剧化地被推到了聚光灯之下，就好像全球经济的命脉全在它们一手掌握之中。为了应对接踵而来的紧急情况，它们放弃了常规方法，取而代之的是把自己演变成了一系列政策的实验员。

像央行这种视传统如生命的机构，常常会做出一些非常反直觉的事情，比如，它们会被逼无奈而当场做出决定。它们已经有了很多次被迫使用未经测试的政策工具的经历。很多人觉得（并且仍然觉得）有必要探索更深入的、未知的政策领域和角色，不过希望越大，失望也越大。对于那些习惯了经济和金融系统的传统操作方式的人来说，这一切对于央行来说都是不可思议的“易容术”。然而，结构性的突变还没有停止，央行正在经历着的只是大变革中的一小部分，而这场变革终将被我们、我们的孩子、更有可能的是孩子的孩子所感知到。这是一场全球经济、市场功能以及金融格局的深刻变革，其影响范围超出了经济和金融范畴，延伸到国家政治、区域和全球谈判以及地缘政治领域。

央行从一个基本隐形的机构摇身一变成为世界政治的唯一主导者，这个转变事先没有计划且令人不安，但只要理解了这一点，就能为我们提供一个独特的视角，去观察影响世界的更大的力量：

- *在面对世界各地数亿人民的合理诉求时，全球系统*

是如何变得越来越力不从心，这些诉求包括改善经济、报酬合理以及金融安全。

- 为什么世界面临的困难与日俱增，为什么国家之间越来越不平等，为什么这么多人会生活在周期性的金融动荡甚至危机之中。
- 为什么各种政治制度费尽心力只是想要理解当下这个快速发展的现实情况，更不用说向更好的方向引领它们。

生活在这个世界上，我们大多数人已经直接或者间接地观察到了一系列不同寻常的、前所未有的变化。确实，在很多层面，人们都感受到了这个现象。然而，所有这些仅仅是刚刚开始而已。

在未来几年里，我们生活的这个极具变化的世界很可能把我们推向离我们的舒适区更远的地方。我们将如何应对这个挑战？我们不能坐等政府来扭转事态。

除非我们可以理解这股爆裂力量的性质，包括它的引爆点和将会选择的方向，否则我们根本来不及应对。这种情况出现的越多，我们就越有可能失去对经济有序性、金融以及政治命运的掌控力。

这本书的写作目的，就是想从央行看待世界的角度出发，谈谈如何才能将未来的全球经济管理得更好。通过分析央行历史上的以及意料之外的各种转型的原因和影响，结合更广阔的社会变化的大背景，解释清楚我们要如何以及为什么会迎来现在这个重要的拐点时刻。然而，这并不是一本历史书，当然也不仅仅是一本讲央行的书，而是通过对我们生活的这个世界提供诊断，谈谈我们共享的全球经济的未来，以及我们应该做些什么。所以，本书还会详细阐述怎么才能将全球系统拖出低迷状态，这种情况可能是怎么发生的，如果失败我们又将如何。

出于以上所有原因，以及在阅读过程中还会发现的更多原因，我希望各位读者的收获不仅限于理解了央行的重要角色（包括其如何与全球经济的命运交织在一起），还能够学习到具有实用性的分析框架，帮助我们取得更大的成就。

THE ONLY GAME

IN TOWN

第一部分

创作缘起

THE ONLY GAME

IN TOWN

第一章
我们的舞台

如同古代医生试图在不了解微生物或细菌的情况下解释病因一样，专业学者们试图忽视财政部门及其所蕴含的风险，来描述发达经济体的运转。

——费迪南多·久里加诺——

现在，全球经济进入了关键的时刻。我们和金融服务业之间的“浪漫”关系，正在人言藉藉中土崩瓦解。信用崩塌、千夫所指，2008 年金融危机之前的亲密无间只剩下回忆，良好关系再也无法修复。那么，它们会从此分道扬镳吗？那倒未必。实体经济和金融体系相互依存，关系至深，谁都不能单飞，他们之间的相互作用仍然是决定发展、就业和金融稳定的关键力量。

建立全球经济和全球金融之间更良性的运作模式，无论是现在还是将来都非常重要。全球金融危机爆发之后，通过一系列前所未有的实验性政策举措，央行在努力争取时间，但同时也承担了巨大的风险。

风险极高，而且前途未卜。如果只依靠自己的力量，要实现具有兼容性的高增长、提供大量的高薪工作职位、将通胀维持在稳定的低水平以及确保真正良好的金融稳定，央行未免力不从心。政府和政客们应该更加积极地参与到央行的工作中去。而作为个人的我们，如果事先可以充分准备并付诸实际行动，共同努力，也能够减少这段失败的“浪漫”关系带来的损失。

在美国的带领下，全球部分地区的经济形势正在逐渐趋于平稳，并且慢慢恢复元气。日本和一些欧洲国家的经济仍然萧条，没有任何明显好转的迹象；而像巴西、希腊、俄罗斯这些国家所面临的，是迫在眉睫的可怕的临界点危机。与此同时，尚未完全恢复的金融部门还在一个接一个地出台反常的政策。这些不是晦涩的技术理论，而是和每个人都息息相关——无论你是想为存款寻求安全回报的投资者，还是正在寻找周转资金的小公司，抑或是想要能够重掌自己财政命运、建立长期持久的稳定性和安全性的家庭。

曾几何时（其实也就是不久之前），政府为了弥补自己的过度支出而发行债券，为了说服人们去购买，政府愿意付给利息——无论如何，你的投资总是存在潜在风险的，你也理应因此得到赔偿。而现在，欧洲大量的政府债券的实际交易利率比名义利率还要低——也就是说，政府向投资者借钱，投资者却要为这种借钱的机会埋单。

曾几何时（依旧是不久之前），银行之间为了争取客户存款斗得头破血流，吸储手段五花八门，从赠送免费烤面包机到直接返现金，恨不得去你兜里直接掏钱。然而时过境迁，看看现在的美国以及越来越多的欧洲银行，它们正在努力阻止人们来存钱。

曾几何时，社会还信任银行系统在引导可贷资金投入到生产中的作用，还信任政府和央行的监管能力，但当银行渎职的冒险行为和松懈的监管把世界经济带入大萧条的边缘时，信任土崩瓦解，且需要较长的时间才能重建。与此同时，其他金融平台，比如Lending Club 、Payoff，①正在蓬勃发展，并且期望能与边缘化的借款人和贷款人有更好的联系。

曾几何时，政治体制也曾对央行极尽溢美之词，对央行的专业技术毕恭毕敬，信任且赋予它们极大的经营自主权；然而

① Lending Club和Payoff均为P2P（个人对个人）平台，总部均位于美国，其中Lending Club是全球最大的撮合借款人和投资人的线上金融平台。——编者注

现如今，在大西洋两岸，一些国家正在反复努力去监督和审计这些有巨大影响力的机构。

所有这些都说明了一个非常深刻且非常重要的现象。虽然表面上风平浪静，但是实际上全球经济的现有配置以及金融系统已经越来越难以维系。最近几年的异常平静已经被一波又一波的不稳定性所惊扰，紧张情绪蔓延，央行效能备感压力，这对全球经济正在行进着的这条道路的耐久性提出了严肃的质疑。

这是一个喜忧参半的消息。

说喜，是因为长期以来经济形势的令人沮丧和死气沉沉以及金融市场的人为定价终于有望结束。金融市场一直被全球经济形势操纵着，而全球经济的运行现状还有很大潜力没有发挥出来，其结果就是阻碍就业增长、加速政治机能失调、加剧地缘政治紧张局势以及不平等的情况。

经济学家在持久解决方案的组成上已经达成了一个不寻常的共识，各种创新以及大量的现金（场外观望或者保守使用的现金）支持会让方案的影响力如虎添翼。要做到这些，需要政客们通过追求更具综合性的国家政策议程、发展更好的区域协作以及改善全球政策合作，勇敢地承担起国家、民族以及全球责任；还需要私营部门投身去创造更加有利的环境，比如为生产活动提供更多的现金支持。

说忧，是因为最近几年中，政客们并没有拿出任何出色的综合解决方案，而国家议程越纠结，跨界的合作和协调就越困难。同时，私营部门作为一个整体，仅凭自己孤军奋战也不能为经济腾飞带来决定性的突破。虽然改革收益在局地优势上体现了出来，但其影响仍未达到预期效果，有些改革甚至已经遭到了破坏。

如果我们不能取得更好的结果，很可能会错过经济增长的时代。除了部分地区的青年高失业率、金融不稳定以及人民真正意义上的不安全感，还会降低未来经济增长的潜力。政治极化、机能失调以及政治僵局的态势会加剧，地缘政治紧张、不平等、异化的局势也将愈演愈烈，全世界无论老幼，数百万人都会受到影响。

为了反败为胜，央行界做出了不懈努力。无论是单打独斗还是联合作战，它们都为私营部门恢复元气和政治家们重整旗鼓争取到了宝贵的时间；之后，它们大胆行动，帮助世界避免了一场旷日持久的、破坏力巨大的大萧条。

在对央行的努力高唱感激的赞歌时，我们还必须意识到，它们的效力正在日益减弱——这也并不奇怪，毕竟对它们来说，可用的工具非常有限。因此，看待如今全球经济的最好角度，就是把它的发展方向看成是英国人口中的“T字路口”。

这也就是说，我们现在的发展道路——由央行的努力运作和设计维护着的这条路——很有可能在未来 3 年内（也许更早）就要走到尽头，取而代之的是通过从根本上对比我们的目的和意义之后决定的T字路口之后的一条道路。

T字路口之后的其中一条道路，是通往高包容性增长恢复的道路，能够创造就业机会、降低金融不稳定性的风险、遏制过度不平等，也能够缓解政治紧张局势、减轻政府治理功能障碍、化解全世界的地缘政治威胁。

而另外一条道路带来的是更低的经济增长速度、持续高失业率以及更严重的不平等，包括全球经济不稳定的复现、政治极端主义的加剧以及对社会诚信和凝聚力的侵蚀。

现阶段，这两条截然不同的道路出现的概率是均等的。但是不管公共部门还是私营部门，都有能力决定孰去孰留。我们现在所处的这个非同寻常的经济阶段，正是认清应该如何提高通向那条更好道路概率的时期。

我们要尽一切努力把我们引导到更好的那条道路上去，我们可以而且必须做到。要让全世界的人们，特别是失业的青年人，把自己未被开发的潜能都释放出来。如今，这是重中之重的事情。

第二章
当今世界唯一的主导力量

有时候正是那些最意想不到的人，能做出最超乎想象的事。

——电影《想象力游戏》——

近几年来，货币政策一直是第一世界国家经济增长的主要甚至常常是唯一的支持工具。

——《经济学人》——

巴黎，11 月里令人心情舒畅的一天，受人尊敬的法国央行行长克里斯蒂安·诺亚（Christian Noyer）参加了法兰西银行的国际研讨会，这次研讨会的主题是“央行：前进的方向？”，央行界的精英们云集于此。虽然法兰西银行的会议室更加富丽堂皇，但由于正在装修翻新，2014 年度的这届盛会选择在威斯汀酒店举行。

来自发达国家和发展中国家的央行行长们促膝而坐。美联储主席珍妮特·耶伦（Janet Yellen）和其他分行总裁们聚在一起。英国央行行长马克·卡尼（Mark Carney）、印度央行行长拉格拉姆·拉扬（Raghuram Rajan），以及非洲、亚太地区、拉丁美洲、中东的央行行长们也出席了研讨会。

许多重要学者、思想领袖、货币政策的评论家们也参加了这次令人印象深刻的聚会。来自主要金融机构的私营部门的代表们作为媒体成员也出席了会议（场地有限，他们大部分人只好坐在阳台，眺望着已经人满为患的房间）。

会上，诺亚行长阐述了现代央行的优劣势，在承认“央行已经被看成是当今世界唯一的主导力量”的同时，他想知道是否“被寄予厚望的央行在将来（有可能）会让人们大跌眼镜”。[1]

与会者们当然无法知道，仅仅在几周之后，央行世界将会发生动荡，这个动荡并不是由大型机构的行为引发的，而是由小机构出人意料的突发行为引起的。这些小机构的品牌和声誉多年以来——至少在央行动荡之前——都被小心呵护着，它们就是稳定性和可预见性的代名词。

几周之后，瑞士央行突然宣布准备取消其汇率体系中的一个关键要素，这个做法后来被证明对市场具有巨大的破坏性——新加坡改变了汇率体系，丹麦宣布控制政府债券的发放规模。

之后的几周，这些人见证了国债市场收益率的暴跌，比如德国10年期国债收益率一度触及0.05%；他们还看到了投资者们同意不要利息甚至甘愿接受负利，就为了急于从一些欧洲国家直接购买新发行的国债；他们也见识了大型银行积极地劝说储户们不要存钱的做法。

还有很多不可思议的情况发生。长期以来，瑞士法郎被视为坚挺的货币，就在瑞士央行努力遏制瑞士法郎上涨的同时，瑞士的负利率结构超越了德国。甚至像意大利和西班牙这种欧洲国家，他们发行的那些利率“风险”更大的政府债券，利率也降到了历史超低水平。然而希腊，这个“欧洲外围”国家，面临的将是经济崩溃以及无力偿还国际货币基金组织（IMF）——世界上少数几个优先债权人之一——的贷款的风险（最后希腊确实在短期内拖延了还款）。

再来说一个不可思议的事情。就连瑞典银行也步丹麦和瑞士的后尘，执行负的政府利率。那么公众对此又是如何评论的呢？一位观察家指出，这种做法“没有任何历史经验可参考”，“就像学习倒着开车一样，绝非易事”。[2]

现代央行和全球金融的发展已经进入一个全新阶段，受人为因素影响更大，更加畸形扭曲。这个发展方式在以前是不可想象的，令人既着迷又困扰。

回想一下我这些年在私营部门和公共部门的专业工作经验以及对经济学的研究，我对央行及其对社会经济福利的贡献深感敬佩。它们在所有运转良好的经济生态系统，特别是市场经济中发挥着重要作用，对于这一点，我深信不疑。

这些神秘的机构维持着经济和金融的稳定，却常常被世人曲解，这些年来，我对它们的感触颇多。在价格管理和货币数量控制、遏制通货膨胀、促进经济增长以及避免金融风险方面，央行发挥着关键作用，那些才华横溢的技术官员把心血都投入到了这么重要的工作当中，我对他们无比尊重（然而他们的付出常常被低估）。

央行承担的政策负担日益沉重，我对此越来越觉得焦虑，这势必会对央行未来的信誉、影响力和声誉造成影响，它们的经营前景正在变得越来越不确定。自从全球金融危机爆发之后，央行就一直在努力抑制市场波动，并且推出了“流动性辅助增长”的操作模式——这指的是由于特殊的流动性注入而带来的金融市场的繁荣最终导致的经济增长。然而，央行的这种不懈努力却无法足够迅速地过渡到真正的增长和有序的政策正常化。与此同时，越来越多的政客也在寻求控制央行经营自主权的方法——这个自主权对央行的影响力有着至关重要的作用。

2008年全球金融危机之后，央行受形势所迫走上了冒险之路，甚至更深入地探索自己不熟悉的、复杂的“非常规的货币政策”领域。它们把利率压至最低，大力干预市场运作，通过买入证券这种大规模的项目来排挤其他银行；更有甚者，有的央行还以咄咄逼人之势，试图操纵投资者的预期和投资组合决策。

因为这一切太背离常态，因此无论是央行还是其他银行，在面对这个问题时都没有现成的测试用例的脚本可参考，也没有历史经验可借鉴。这不仅是当下一段时间内的一种大胆的政策实验，更会持续相当长的一段时期。

有鉴于这一切，我很快意识到，在这个巴黎的房间里，我并不是唯一一个感到焦虑的人。迫于压力的央行将会如何运作？对此，我们当中很多人内心都感到不安，都想弄清未来前景如何。

研讨会的组织者在当天会议主题的最后划上的那个问号，也将这种焦虑不安的情绪表露无遗：“央行：一路向前？”在全球经济、市场以及政策管理的最重要的盛会上，会议组织者们发出了正确的不确定性信号，房间中的许多人已经意识到，这个影响远远超出了经济和金融领域。受其影响的还有相应的制度、政治、地缘政治和社会问题。

央行总是有一种肩负着“道德与道义”的使命感，因此不得不承担越来越多的责任，它们所面对的问题，都是其他决策机构无力且不愿意面对的问题——尽管这些机构的政策“武器库”中的工具才更适合解决目前的各种问题。不知何故，现在的世界完全依赖于央行的机构设置，而央行手中用来解决问题的工具却又极为有限。

自从2008年的金融危机之后，各国央行终于发现，它们不得不承担起比预期更多且持续时间更长的工作。理智告诉它们要立刻停止这种“实验”，开始进行政策规范化，但心却在敦促它们别停啊、继续做下去啊，并且还时不时地在“锦囊”中寻找些新玩意儿。

据我所知，尚无人能精准预测出这个政策困境的范围和影响究竟有多大。

从金融危机爆发的第一天起，人们就寄希望于英勇无畏、反应迅速的央行，盼着央行能成功地把接力棒传递给高增长的经济、强劲的就业增长、稳定的价格以及稳健的金融体系——无论这种传递是直接的，抑或更有可能是通过争取足够的时间让私营部门恢复元气、让其决策部门有能力帮助当权者加强经济管理责任感。随着经济繁荣和就业率回升，世界就能够在中期内摆脱债务问题的困扰，避免对无序去杠杆化、毁灭性紧缩以及债务违约的需求。

值得赞扬的是，央行早已认识到这种做法的风险和不确定性。2010 年 8 月，在怀俄明州的杰克逊镇举行了一次年度会议，世界各地的央行家和他们的贵宾们云集于此。会上，美联储主席本 · 伯南克（Ben Bernanke）明确提出了这个问题，他的这次演讲标志着美国货币政策的支点的确立——从以金融市场的标准化为目标到央行要承担起主要和重要的责任，以提供经济的高增长、就业、稳定的低通货膨胀和整体金融的稳定性。他观察到，运用非常规货币政策带来的不只是“收益”，更有“成本和风险”。[3] 这种政策执行的时间越久，带来的成本和风险就越有可能超出收益。

人们的关注点已经远远超出了非常规政策提供的预期政策结果失败的可能性，包括被称为“经济腾飞”或者“逃逸速度”的那些东西。人们对于这些事情之外的问题忧心忡忡，这些忧虑有的有用，有的是瞎操心。

央行会延长实验期吗？它们会打算进一步行动吗？它们的这些做法会成为执政者和决策机构的负面刺激而让他们齐心协力团结起来吗？金融资产的人工定价行为多次受到央行提供的流动性推动——毕竟，在人们的普遍认知中，央行是市场最好的朋友，但这会导致过度冒险和大规模资源分配不均，最终损害增长和稳定吗？一波猛烈的通货膨胀即将到来了吗？央行会迫于压力不得不卸载掉资产负债表，以致对企业价值和金融市场造成损害吗？受抑制的波动性最终会让步于“波动的波动性”吗？[4]

这些问题还在不断地涌现出来，但说到底还是下面这个根本问题：在从一个解决方案的主要部分向一个问题的重要部分过渡的过程中，央行的风险应该控制在什么程度？也就是说，与在全球经济增长的大背景下循序渐进地推进去杠杆化的做法相比，央行最后还是会选择造成额外债务积累的结局，使西方国家的经济增长更加乏力，再加上经常性的金融不稳定，还会破坏世界其他国家的经济福利，包括管理良好的发展中国家。

他们的忧虑不仅限于经济和金融方面，还有更重要的政治和社会方面的问题。

房间中的欧洲人都很清楚，欧洲国家经济不景气是如何加剧政治极端主义和非传统政党（无论左翼还是右翼）的出现的，都不用从经历过早些年茶党运动的美国人那里道听途说，他们会亲身体验到反对当局的候选人的卷土重来，他们也会很乐意告诉那些候选人，破坏两党合作和在相应政策上做出妥协的后果有多可怕。

来自非洲和中东国家的人很清楚非国家行为体——无论是

在伊拉克、叙利亚还是尼日利亚等——所扮演的暴力及引发社会混乱的角色，而某些西方国家又太软弱，没办法协调出合适的应对办法，更别指望会有个和平的结果。难民潮的到来近在咫尺。

房间中的所有人都很清楚，国家间的收入不平等在以一个令人震惊的速度增长着。在不断蔓延的贫困和不可思议的财富对比状况持续加剧的大背景下，这样发展下去最终会将中产阶级掏空。

巴黎这个房间里的每个人都很清楚央行在政策制定上所扮演的关键的、独特的、实验性的角色。这个角色，不只决定着社会各种机构的运行，更影响着现在和未来的几代人。这个问题无先例可循，央行的现时境况与其说是精心安排的结果，不如说是误打误撞的结局。

第三章
央行的沟通挑战

极度不正常正在变成别扭的正常。[1]

——克劳迪奥·博里奥，国际清算银行——

休斯顿处在黑暗中……

——桑德拉·布洛克《地心引力》——

央行究竟是如何影响我们的生活的，大多数人都没怎么思考过这个问题——不仅是对我们日常生活的影响，也包括对孩子们面临的机会的影响（甚至定义）。事实上，尽管这些强大的机构拥有巨大的影响力且扮演着重要角色，然而人们的判断力、智慧和成功——从保护和提高他们的金融储蓄到帮助他们获得信贷甚至找到高薪的工作——在多大程度上取决于央行，对于这一点，却鲜有社会认同感。

现实和意识之间的鸿沟是巨大的，深不见底。但这条鸿沟无法用我们手头不相干的问题（与我们个人及社会福利相关的问题）来证明，而且如果没有足够的资料也无法证明（事实上，我强烈支持提供一些公众容易获取的参考资料，比如报纸上的文章，而不是晦涩难懂的学术资料）。然而这条鸿沟的存在并不令人惊讶，因为这是央行的“遗产”。

之前很长一段时间内，央行将自己的“飞行高度”有意地定位在低于社会“雷达网”的地方，选择以一种模糊的神秘方式存在着。实际上，就像《金融时报》(*Financial Times*) 的评论中说的那样:“央行过去对它们的决策会议秘而不宣，避开公众视野，小心谨慎之态比选举教皇的秘密会议更甚。”[2]

公平而论，央行此举的部分原因在于它们每天进行的工作技术性极强，但其中也反映了央行一个重要的战略选择。

直到20世纪后半叶，为了保护央行不受政客们的过度干扰（政客们的干扰会影响央行家们的合理顾虑，政客们在意的是短期的政治目标，而非长期的社会目标），央行领导层们开始愿意选择进行有限的透明化。几十年来，“美联储式的说话方式”——为人熟知的美联储发表言论时特有的措辞方式——被称为“华而不实的英语方言”，意思就是“使用无数复杂的词语却词不达意”。这是长期（1987~2006年）担任美联储主席的艾伦·格林斯潘（Alan Greenspan）发明出来的、故意说得含糊不清的语言，[3]也是美联储官员们都会说的“咕咕哝哝着不成句”的语言。[4]

保罗·沃尔克（Paul Volcker），格林斯潘主席的前任，他的说话方式也如出一辙，并且还具有自己的特色。20世纪70年代，在保罗·沃尔克主席的带领下，央行成功战胜了导致整个美国和世界大部分国家经济瘫痪的通货膨胀，对他来说，“具有建设性的模棱两可”的说话方式能够传递出权威和自信，很少有人敢提出质疑。

但是，世界的改变有两个重要方式——一个是通过央行的理论分析，另一个是通过央行的实践活动。

央行追求进一步巩固战胜通货膨胀的胜利果实。通货膨胀侵蚀着全世界人民的生活水平，特别是20世纪七八十年代的那次通胀影响尤其惨烈，央行意识到它们需要帮助。而这个认识的产生是以学术研究为基础的，特别是以20世纪90年代世界范围内的业务和体制变革为驱动力 。

央行需要从政治体系中获得更大的经营自主权，而政府为了获得短期的政治支持，总是倾向于把推动通胀作为一个手段。除此之外，央行还需要通过影响薪酬协商活动，避免由于加速通胀而导致的过高的工资协议，从而对通胀预期的前瞻性进行管理。

这导致央行试图去影响比现在更为广泛的行为和预期，与此同时，还能从政府那里获得更大的独立自主性。央行的工作职责已经不再仅仅是直接决定价格和货币发行量，还大量涉及预期影响和资金部署的业务范围。正如《金融时报》的评论所说："货币政策通过影响市场情绪操控经济，其影响力和通过调整利率等金融渠道的影响力是一样的。"[5]

央行首先选择的是公开通胀目标。其实这件事最早发起于25年前的新西兰，那时新西兰一直在和持续的高通胀对抗着，获得议会批准后，新西兰央行决定公开宣布把通胀目标定在2%以内。现在回顾这个引发了全球性现象的举动，《纽约时报》（*The New York Times*）的尼尔·欧文（Neil Irwin）评论道，这个看似小小的进步带来的却是一场重大的沟通变革："一家央行，仅仅想要宣布通胀目标，但这个想法在当时看来却是激进的。毕竟长久以来，人们一直觉得有个神秘人躲在幕后操纵着央行的权力工具。"[6]

另外一个推进央行更加透明化的驱动力，取决于央行在多大程度上获得更大的权力、承担更多的责任以及赢得更高的声望；而且与此同时，人们也认识到潜在成本和政治误解的代价都在增加。除此之外，随后的一系列非常规政策，包括资产负债表上数万亿美元或欧元的扩张，都昭示了央行这种“无可匹敌的权力”，而“这样的权力必须接受政客的问责，但又不屈服于后者的短期要求”。[7]

基于以上这些原因，格林斯潘主席之后的两位继任者都强烈感觉到，必须把这个变革的传统继续发展下去，而这些变革最终被证明都是激动人心的。

首先，从2011年伯南克主席在任时开始，包括之后的主席耶伦，美联储开始通过新闻发布会对公众解释自己的决策和想法。很多公共论坛里都能看见美联储的身影，美联储高层也曾出现在CBS电视台新闻《60分钟》(*60 Minutes*)节目中，畅销杂志《纽约客》(*New Yorker*)还曾对他们进行过深度访问。[8]

其次，央行开始把大量时间投入到发展“前瞻性政策指导”的方法上面；也就是说，央行会告诉市场未来货币政策的方针可能会是什么样。在这个过程中，表达时的措辞需要慎之又慎(“语言体操”)，包括各种规格的“阈值”和政策时间段。美联储的工作方向从促进经济发展(比如2013年提到的特定水平的失业率)演变为日程表引导(比如“相当长的一段时间”这个说法，是在暗示至少会持续6个月的异常低利率；2015年年初，“耐心”这个词是指在某个政策立场改变之前至少有两次政策会议的间隔)。

最后，美联储公布了“蓝点图”——负责决策的联邦公开市场委员会成员对市场的单项预测。这样，市场就可以定期了解这些成员对利率变化在数值和时间上的预期，包括“集中的趋势”（但并不会披露具体人名）。

当然，央行这种不断增加透明度的行为也饱受争议。

政客们会迫切要求对央行决策进行更多的、在某些情况下正规的审计，而有的经济学家却感觉美联储做得太多了：市场对美联储的意图了解得越透彻，投资者敢于冒险的胆子就越大；而当美联储官员决定以出乎预期的方式改弦易辙时，市场混乱的风险就会增高。在这个过程中，这些更强大的沟通方式将会从推动政策制定转变为对美联储政策失效的冒险。

对于非常规货币政策的潜在失效性的问题，个别美国央行家也曾在公共场合直言不讳地表达过自己的看法，虽然他们持有“鹰派”观点，但还是参与到了决策过程当中。就像费城联储前主席查尔斯·普罗索（Charles Plosser）在2015年年初指出的那样：“历史经验告诉我们，货币政策并不是真正解决经济结构问题的根本有效的方法。可以去尝试，但问题在于其有效性是暂时的。”[9]

然而，央行在这方面最重要的一个短板是与政治制度和公众有关的。尽管美联储和其他一些央行已经在“透明度”

和“沟通”方面做出了很大努力，但在外界看来，现代央行在“何物、如何、何时、为何”方面仍然存在很多困惑，这四个决定性因素的结合——也就是说，央行到底生产什么东西——对很多人来说仍然是个迷。央行是做什么的？为什么要做这些？对于绝大多数人来说还并不能很好地理解，他们低估了央行在促进经济和金融发展方面的能力，因此，未来是什么样的？央行对个人和集体会有什么样的影响？这些问题的答案人们都还无处寻找。

为了刺激经济和就业增长，央行采取了冒险的实验性措施，但面对不断增加的在政治自治权和信誉上的负面影响和金融不稳定风险，央行选择了一些紧急补救措施。这是在对“非常规政策”长期依赖下的一种权衡之计，但其大行其道之势已经远远超出了央行家们之前的预期。结果，央行前所未有地参与到了市场运作之中，市场波动得到了强有力的抑制，金融资产价格被人为抬高，投资者的资产配置受到影响，收入和财富分配受到冲击。

在所有这些影响中，占主导地位的是对全世界最受关注的股票和债券进行定价的影响。2014 年 8 月，在彭博社的专栏中，我写了一篇关于如何评估金融市场状况的调查报告。很多读者看了之后都很关注美联储在推动资产价值上涨过程中所扮演的角色，到底是通过直接大规模购买，还是间接鼓励投资者承担更多的投资组合风险来实现的。他们形容美联储的特点是："屋里有只800磅的大猩猩，但谁也不着急逃走。"在这个过程中，央行在不断改变着自己的"物理定律"，尝试着"点石成金"，四处撒落"仙人粉尘"，所有这些都可以让尚处在"自满"状态的投资者们暂时平静下来——这种"自满"很可能会把他们带入"狂躁阶段"，最终将会扭转资产类别之间建立已久的"不可预测"的关系。[10]

与此同时，央行作为一个"准财政"机构，也面临着诸多来自政界的谴责之声，比如拿着纳税人的钱去冒险、购买政府债券去填补预算赤字、自行决定如何获得纳税人的支持，等等，而央行所做的这些根本不用获得议会或者其他行政部门的批准。这也是一些国会议员试图加强对央行的控制的原因之一。

对央行家们来说，和那些装腔作势的政客们打交道绝非易事，那些人对经济和货币政策缺乏足够了解，更别说错综复杂的全国性的系统和国际货币体系了。哪怕是最镇定冷静的央行家，比如在这个巴黎房间里的欧洲央行行长马里奥·德拉吉（Mario Draghi），据说也曾有几次当众动怒——虽然次数有限。

在评论德拉吉"斥责欧洲议会的西班牙成员"时的语气时，《纽约时报》记者杰克·尤因（Jack Ewing）和本雅明·阿佩尔鲍姆（Binyamin Appelbaum）提醒我们注意一个非同寻常的现象——不仅是欧洲央行，而且包括绝大多数央行家们——马里奥·德拉吉“在议会出现时，提高了嗓门，轻蔑的挥动着手臂”，而且“带着一种对于一位平日极其冷静的央行家来说不寻常的愠怒”。[11]

现在，西方国家集体下了一个历史性的赌注——这意味着，它们把世界上其他国家完全暴露于巨大的险境之中——只有当美国、欧洲、日本这三方在不加剧过度不平等和金融市场的不稳定性的前提下迅速摆脱低经济增长或高失业率的困境，它们才能化险为夷。（请注意，不同于其他人，我反倒不太担心未来通货膨胀的威胁，对于这一点后面会说得更清楚些；我也不担心央行会迫于压力去卸掉自己在市场上购买的数万亿美元的证券。但我担心的问题依然很多：未来金融市场是否动荡？这对于经济和社会福利会有什么影响？我很认同美联储主席耶伦的一句话：“一个平稳运行的金融系统会促进存款和投资的有效配置，推动经济增长和就业。”）[12]

这是场盛大的赌局，目前看来，结局喜忧参半。

第四章
谈谈这本书的条理

今天，增长的前景模糊不清，我们一边恐惧长期停滞，一边又为创新欢呼雀跃。增长，在技术层面上顺风顺水，在社会层面则逆势强劲。就在这顺逆之间，未来增长风险悬浮在了平凡与奇迹之间。[1]

——安迪·霍尔丹——

我可以描述出一个在我看来最有可能的前景，但根据多年从事经济预测的经验，我可以向你们保证，我写下的任何具体预测都会被证明是错误的，或许还错得很离谱。

——珍妮特·耶伦——

在本书中，我们将会讨论为什么我们的经济生活中会出现“T字路口”这样一个关键时刻。实际上，这本书的目的就是要揭示我们距离“T字路口”还有多远？之后可以在哪里结束？如何才能让好结果出现的概率更大一些？因此，在第一部

分启发性的讨论之后，本书分成四个主要部分来进行分析。

第二部分试图提供给读者一个历史的大背景，并且用简洁的方式总结出已有内容的精华（其中包括我在 2008 年全球金融危机前夕写的一本书，里面叙述了金融危机演变的原因以及潜在的后果）。[2] 所以，我们会先回顾一下最近的过去，透过央行剧烈波动的声誉这个棱镜，审视其整个发展历程——从 20 世纪 90 年代中期开始，那时央行还被认为绝对不会犯错（那时人们还在为经济繁荣和金融稳定而弹冠相庆）；再到央行发现自己被其他银行指责成巨大渎职的无知教唆犯；最后讲到央行如何恢复元气，成为世界上唯一有效的政策响应方和勇敢且富有创造力的机构。

第三部分用央行的视角，详细阐述了当今社会面临的十大问题。当央行开始对政策制定有所响应时，它就已经开始扮演着“唯一玩家”的角色，这在以前是根本无法想象的。在这种情况下，我们着重突出了政客们对央行授权的开放程度，不管是不是他们自愿的，这就和那些特别不负责任的家长把幼子遗弃在消防局门口的情况如出一辙。

第四部分展望前景，探讨要想取得好结果都需要做些什么。

我特别希望能通过一条单独的高概率基线去解释未来前景及其原因，这种方式能够根据结果提供一套清晰、果断、自信的方法，同时避免了各种危险，也不会让公众感觉到摇摆不定、优柔寡断。但是，尽管这个办法很吸引人，但就目前现实情况来看并不可行；如果这样做了，在我们生活的这个时代，这也是一种分析上的不负责任。

现在，会对我们的社会集体福利带来重大影响的四个因素（经济、政治或地缘政治、市场、政策）具有很大的流动性，而这四个因素的交汇点——也是我们生活的这个真实世界的运行之处——流动性更大。因此，我们的思维必须变得更开阔一些，包括试想脱离常态的钟形分布这个具有令人舒心的高预期结果以及不会发生肥尾效应的模型，这一点很重要。我们需要能够接受双峰式分布出现的可能性——也就是说，与之前最常见的随机结果出现的概率曲线相比，会有两种极端情况的结果——无论好坏，出现的可能性更大。

因此，在这本书里，我们不去假装自信满满地预测出一个高可能性结果——尽管我也希望如此——而是选择去做更长远的远景方案分析，这也是伯南克主席曾提到的“非常不确定的前景”，但我们要讲的东西更多（不仅仅是“不确定”，而是“非同寻常的不确定性”）。从行为科学和神经系统科学中双峰式分布的概念和跨学科的视野出发，我会解释为什么现在的世界很有可能会对作为决策者的我们——无论我们经营公司、政府、家庭或投资公司——提出根本上的挑战。

这个世界把我们带离我们的“舒适区”，这很容易导致我们做出愚蠢的决定、犯顺序上的错误，而且这种错误无法自我纠正，只会一环扣一环地愈演愈烈。当然，凡事皆无注定，我们可以想办法扭转自己的命运，因此，本书第五部分就讨论了面对“非同寻常的不确定前景”时我们可以使用的一些工具。

全球经济面对“T字路口”将何去何从？此时，政府的经济措施至关重要。具体而言，就是这些措施是否可以成功地让央行参与到处理周期性、长期的、结构性问题的活动中。但我们其他人也绝不是无计可施的。为了改善现在以及未来的前景，还有一些事情是我们可以做而且应该去做的。

特别要说明的是，对于全球经济成果而言，眼下一切都还是未知数。选择比命运更加重要。我们做出的绝大多数选择都需要开放的思维、多样性的认知，以及在我们传统操作区域之外仍能平稳运行的能力。

做到这些绝非易事。但我真诚希望，这本书呈现给读者的不仅是央行——世界上最强大、最忙碌、最神秘的决策机构——对于全球经济过去、现在以及未来的重要看法，也能给你们提供一些分析框架，可以有效地应用于你们可能会面对的各种情况，特别是那些棘手的问题。通过这些年的研究，我已经发现了这些框架的有用之处，希望它们也能带给你们同样的启发。

THE ONLY GAME
IN TOWN

第二部分

央行的上升、崩溃和复苏

回首过去的四分之一个世纪：日本信贷繁荣在 1990 年之后崩溃；亚洲新兴经济体信贷繁荣在 1997 年之后崩溃；北大西洋信贷繁荣在 2007 年之后崩溃；最后，轮到了中国。每一次的繁荣都如同新纪元一般，之后却都陷入危机以及后危机。[1]

——马丁 · 沃尔夫——

THE ONLY GAME

IN TOWN

第五章
央行的黄金时代以及“似泡非泡的金融”

历史背景简介

踩刹车时火车会停止前进，这个没错；但如果认为火车前进的原因就是拆掉了刹车，就未免太愚蠢了。

——琼·罗宾逊[1]——

20 世纪中期，央行拥有的权力、影响和声誉早已远远超出了传统教科书中的描述。它们的身份，地位无与伦比，一举一动均受到万人敬仰，取得的成就有口皆碑。

央行被视为多年繁荣昌盛的大救星，格林斯潘主席被推崇为“大师”——他不仅和沃尔克联手战胜了令人闻风丧胆的通货膨胀，还避免了经济周期性波动，几乎没人质疑央行的效率、智慧及其至高无上的权威。然而，事后回首，那不过只是一个表面上的黄金时代。

部分黄金现象得益于央行在对抗通胀方面数十年的胜利，但还有一部分黄金现象出现的原因有着极其黑暗的一面——银行系统在缺乏监管的情况下对风险承担能力以及过度杠杆不负责任的追求。但在谈这些之前，让我们先来看看央行自身的情况。

政客们赋予了央行更大的经营自主权，这在结构上造成了黄金时代的出现。除此之外，一场空前的全球长期性发展转化为大规模的生产力以及非通胀条件下的世界经济繁荣（包括中国的崛起和部分中东欧国家参与到全球市场经济中），也为央行造就了异常有利的运作环境。

但同样值得注意的，同时也是客观而重要的因素是，央行自身的地位让人们忽视了其他东西——它还有一些不那么令人欣慰的发展道路。很少有人去探究美国经济底层究竟正在发生些什么。

事实证明，由央行推动起来的这个特殊和经济金融时代的发展已然在机构的分析理解能力之外。因此，与其说央行引领了一次经济持久性繁荣和经济自由化的新游行，倒不如说它们实际上对复杂的杠杆式似泡非泡的经济发展失去了控制力，这会加速过度的信用授权、不负责任的借款以及极端宽松的风险管理。而央行则一直意味深长地跟在债务游行队伍的后面，不断帮它们“擦屁股”。

实际上，就像我在2007年秋天出版的第一本书[2]中讨论的那样，央行对于经济和金融发展的理解力已然跟不上现实情况的发展速度。像其他人一样，央行已经沉溺于自满中无法自拔，至少在它们心中，经济“大稳健”的概念已经根深蒂固。除此之外，它们还相信金融部门是由先进的私营部门的参与者们控制着的，这些人掌握着更有效的风险缓解工具。因此，金融部门在其承担的社会责任的两个关键领域都可以做得比以前更好：一是将资源以具有成本效益的方式分配到生产用途；二是与之相关联的良好的风险管理措施。

从美联储前主席艾伦·格林斯潘，再到同时担任过美国财政部长和纽约联邦储备银行行长的蒂姆·盖特纳（Tim Geithner），官员们都相继承认他们不仅低估了银行系统的脆弱性，更低估了隐隐逼近的次贷危机、风控措施的失败以及这些因素相互关联的程度。

现在非常清楚的是，央行最终对违反规定的金融活动采取了过度放任的态度。当大量复杂的金融活动流向影子银行时，央行只是冷眼旁观、无所作为；而影子银行则缺乏适当的监管和有效的内部纪律约束。尽管银行受益于由纳税人的资金搭建出的安全保障网，但监管者们并没有注意到资产负债表中由银行不断增加的复杂风险。[3]

诺贝尔经济学奖得主、经济学家保罗·克鲁格曼（Paul Krugman）曾接受《商业内幕》(*Business Insider*）杂志的采访，当谈到在自己职业生涯中判断失误的“大事件”时，他坦承“根本没想到银行系统会如此脆弱”。[4] 和他想法相同的人一定还有很多。

在财经评论员和经济学家眼中，这是个普遍现象，再加上传统经济方法不能将金融服务业与行为科学的重要见解相整合，这在一定程度上加剧了这个现象的出现。

2014年1月，纽约联邦储备银行总裁兼首席执行官威廉·达德利（William Dudley）发表了一次演讲，正如他在演讲中对美联储现状的坦率评估一样，“我们仍然没有开发出一个能和现实的金融部门相结合的宏观模型”。[5]

事后看来，这个时代不仅扭曲了央行对于银行到底该做什么的理解，还扭曲了它们对一般经济的发展、信用、监管的理解。导致的结果就是，央行没有去客观地认识和对待金融服务业——金融服务业本应是为实体经济服务的，而不是当这个行业被提升到一个可以独立经营的位置上时袖手旁观看热闹，最终导致社会经济福利不切实际、无法持久、极具破坏性的发展。

由于监管的松懈，很多金融服务业都不再把精力投入到为实体经济服务这个传统角色上去——调动并引导储蓄以成本效益的方式投入到最有效的投资机会中，同时进行相关风险管理；相反，它们试图建立起一个可以带来大量美元利润的独立地位，但这个设想已经远远超出现实情况，而错位的激励、全方位的失败、过度的短期动机和行为也在暗中破坏着这一切。

就连这个行业本身的标签也发生了变化——从“金融服务”变成了“金融”。更糟糕的是，在一些地区，这个行业甚至被抬举成了资本主义历史演变更高阶段的组成部分，被视为所有成熟的经济形态都应该追求的一个东西。

经济发展历史过程的特点，不再是仅仅包含农业、工业、制造业和服务业的各个增值阶段，突然之间，资本主义成就的最高水平把“金融”也包括了进去。越来越多的国家开始竞相建立“世界金融中心”或者小一点儿的离岸金融中心；而其他无力做到这些的国家，干脆直接就把自己国内金融领域的一部分细分市场租了出去。

通过这种新方式，再加上证券化这类金融创新手段，银行开始着手进行一系列全新的活动（其中许多涉及结构上更复杂的证券之间的交易，此外还有更不好理解的证券和其他物品的置换）。事后来看，包括银行自己也看明白了，这些活动风险太大，虽然它们只是对此一知半解，但实在有利可图又舍不得放弃。总而言之，银行的业务重心逐渐偏离了它们基本的经济职能。

银行并不是唯一陷入这场杠杆、信贷和债务狂欢中的一方。实际上，正如阿提夫·米安（Atif Mian）和阿米尔·苏菲（Amir Sufi）在他们的新书《债务之屋》（*House of Debt*）中说到的那样，这其实是个更加广泛的现象，包括家庭（我还想加上“公司”）都是受害者。[6]

新的“外来的”放贷工具，去除了那些利息高昂的、申请手续烦琐的贷款的传统障碍。虽然利用这些外来工具申请贷款，比如住房抵押贷款、再融资等，不需要收入证明、不需要预付费或者定金，但其还款方式会给借款人带来巨大的压力。于是，很多家庭选择参与到他们根本负担不起的金融活动中去，却根本不了解自己承担的风险究竟有多大。在这个过程中，他们抵押出去的，不仅仅是自己未来难以获得的收入。人们都觉得房地产是个只升不降的投资领域，为了在这个市场上分一杯羹，太多人申请了自己根本无力偿还的贷款，直接导致后续的押品赎回权的丧失、破产和贫困。

这种社会现象对政府也造成了影响。债权人争先恐后地以史上最宽松的条件提供融资；很多人，包括那些信用最差的、根本负担不起商业借贷条款的人，都被如此易得的债务融资吸引了。伴随着私营信贷工厂模式如火如荼地铺陈开来，本应有的信用分析的概念让位于对更高规模贷款量的追求。因此，风险承受力和蔓延开来的趋同性形成了一种疯狂的社会文化并且占据了上风。即使管理最烂的国家也发现自己能够满足大额贷款的条件（利率和期限），已经和管理最好的国家没有差别了（图 2 显示了近年来希腊和德国之间的国债利差）。

其结果就是，整整一代人都错误地陷入了一个概念之中：生活水平日益增长和国家繁荣的基础是借贷而非收入。在他们看来，借贷不是一架需要谨慎使用的桥梁，而是变成了一种权利。金融泡沫一个接一个地出现，一直得不到解决；央行基本上保持着观望的态度，宽慰自己说银行和机构投资者都是成熟

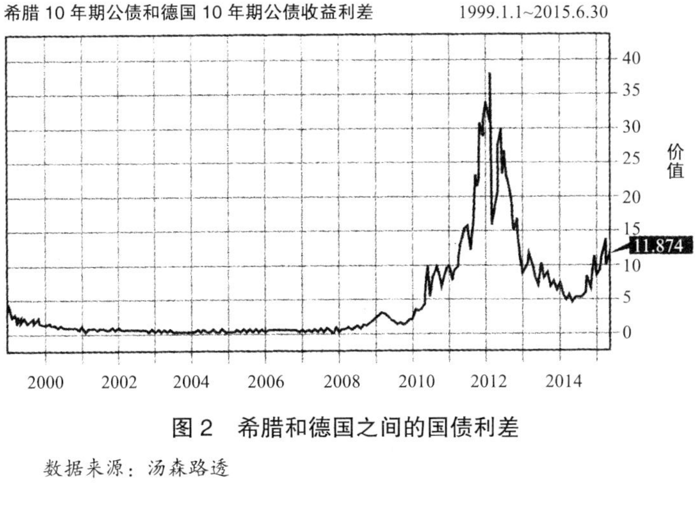

图 2　希腊和德国之间的国债利差

数据来源：汤森路透

和足够负责的，都能够及时化解风险。它们相信这些有影响力的市场参与者都具有自我调节的能力，相信市场可以及时、有序地进行自我纠错。

这个特殊时期的经验也有值得借鉴之处，英国央行行长马克·卡尼（Mark Carney）在2014年“包容性资本主义”会议上提出了一个重要观点：“对金融资本主义的认识本身不是目的，而是一种促进投资、创新、增长和繁荣的手段。从根本上讲，银行业是实体经济中连接借款人和储蓄者的中介。而在金融危机爆发前夕，银行业变成了银行而不是业务部门，变成了交易而非关系，变成了合同的一方而非顾客，新的金融工具最初的设计目的本来是为了满足商业上信贷和对冲的需求，没想到很快演变为放大金融收入赌注的方式。”[7]

赫伯特·斯坦（Herbert Stein）对于不可持续性有一句著名的简洁表述：“如果某事不能永久地持续，它将会停止。”但它的停止是突然发生的，而且会带来令人难以置信的破坏性结果。

第六章
连锁故障

每个人都有一个完美的计划，直到被一拳打中下巴那一刻。

——迈克·泰森——

这年头，不可能的事情都能变成必然。

——吉姆·德怀尔——

与其说我们战胜了商业周期的变化，标志着一个决定性的胜利；不如说央行的黄金时代最后结束于支撑起一个“过度”的历史时期以及不负责任的风险承担力。随之而来的是经济和金融的混乱，其激烈程度完全破坏了经济“大缓解”和私营部门复杂的风险管理的概念，破坏了央行的主导地位和辛辛苦苦积累起来的声誉。

到了2007年，人们终于开始认清，金融依赖型经济对于银行过于信任和依赖，当有所调控时，人们总是假定它们有足够的“自我调节”能力，只是进行了“点到为止”式的约束。这种情况不仅出现在美国和英国——纽约和伦敦一直在全球主要金融中心的竞争中打得不可开交，迪拜、冰岛、爱尔兰、瑞士和其他地方的情况也是如此。这些国家试图通过本国金融机构的国际化和杠杆化来规避国内经济规模太小的局限性。

与此同时，人们也越来越清晰地认识到，国家当局被推到了一个两难的境地：要么用纳税人的钱去资助金融恶棍，要么就得眼看着已经苦苦挣扎的实体经济遭受雪上加霜般更严重的破坏。

2007 年 8 月的第一周，第一个公共问题终于浮出水面：巴黎银行——法国一家规模相当庞大的银行，宣布亏损并且限制投资者从投资基金中撤回资金。消息一经宣布，举世哗然，这当然可以理解，因为消息中包含了让市场参与者们最害怕的两个要素——实际上，与价格大幅波动比起来，这两个要素更让人恐惧：首先，当银行无法再如客户预期的那样提供流动资金时，人们便无法再获得资金；其次，资金流动性的中断破坏了市场的正常运转，会带来更广泛的市场震荡。

认识到目前面临的威胁后，欧洲央行在经验丰富的行长让-克洛德·特里谢（Jean-Claude Trichet）的领导下，迅速果断地做出了回应，成功地化解了眼前的危机，这是个好消息。但不太好的消息是，无论是欧洲央行还是央行界，它们作为一个整体，都没有全面把握住一个概念：巴黎银行受到的冲击不是孤立的，不是针对某个机构的，而是暗示着一场潜在金融海啸的形成。

总而言之，央行的反应机制还是过于迟缓和零散。它的设计是战术性的，缺乏足够的分析基础，一个深思熟虑的战略方针出台之后也没有更全面的后续行动。事后看来，也是从另一个角度说明了央行对现实情况多么欠缺脚踏实地的了解——不仅包括它们监管权限之外的领域，还包括就在它们眼皮子底下发生的事情。

央行发现自己正在不断陷入越来越多的、内外部说辞不统一的矛盾中。对外，它们表现平静，不断强调伯南克主席经常引用的言论，宣称美国房地产市场发展稳健，让全世界放心；对内，它们已经开始了一场和危险环境赛跑的游戏，在未来一年中，将会表现得越来越明显，最终导致的连锁故障将会让政策制定者和市场参与者们永生难忘。

第二次大震荡发生在 2008 年 3 月。贝尔斯登投资银行——曾经是美国最有实力、信誉最好的投资银行之一，发现自己已经处于崩溃边缘。复杂的金融工程和极端的杠杆定位再一次成了问题的核心所在，加上认识不足、监督不严、会计松懈，这一切都给银行的冒险行为开了路。针对这个情况，央行在美联储主席伯南克的带领下采取了举世瞩目的行动，即必须在事态彻底失控之前让市场恢复冷静。

与欧洲央行在7个月之前采取的包括注入流动性的紧急应对措施不同的是，美联储的这次干预更广泛地使用了公共资产负债表。更重要的是，它强制失败的贝尔斯登和财力雄厚的摩根大通“联姻”，并为此提供了用于失败保护的资金支持。

央行的希望是，通过这两次令人震惊的突然事件，加上政府反应的特殊性质，能够引导银行有序地“去风险化”。而事实上，银行对经济学家们所说的“道德风险”变得愈发依赖——它们倾向于承担更多的风险，因为它们知道总会有一个有效的和决定性的保险机制来支持自己。

来看看下面这个例子吧。花旗银行是世界上规模最大、最受关注的银行之一，它的首席执行官查克·普林斯（Chuck Prince）在接受《金融时代》（*Financial Times*）的头版访问时，对问题的前景发表了如下评论：“当音乐停止，流动性的问题就会变得很复杂。但只要音乐还没停，你就要起来继续跳舞。现在我们仍在跳着。”[1]后来，音乐真的停止了，查克·普林斯丢了工作，花旗也差点儿破产。

实际上，还是那些一贯的、固有的人性弱点在作祟，认识不足、骄傲自大、体制僵化等。而过度的风险承担加上错位的财政激励措施、老生常谈的金融委托代理问题以及过度的短期行为，把这些弱点灾难性的潜在影响又进一步放大了。最终结果就是，不断累积恶化的状况已经远远超出整个体系对问题严重性的把控能力。这样一来，用不了多长时间，可怕的结果必将显露无疑 。

到 2008 年夏天，这已经不再是一个如何预防危机的问题，整个世界已经全面陷入危机管理模式——其影响规模和波及范围对现代全球经济来说是前所未有的。自从大萧条之后，这样的潜在经济灾难前所未见，它与现代资本主义高效和自我调节的性质是背道而驰的，同时，也对还没有完全意识到问题严重性的危机管理者们提出了很高的要求。这里面也包括一些盲目自大的私营部门的领导，他们根本不知道就在自己眼皮底下不负责任的商业模式的程度之甚。

很快，银行业务中断的现象不断增加，银行宣告破产情况不断涌现，这其中就包括 2008 年 9 月投资银行雷曼兄弟的破产，事态发展已然非常明显，人们深感恐惧——金融已经把世界带到了一个长期大萧条的边缘。在这个过程中，公众认知中对于央行的定位也从可持续繁荣的推动者，变为纵容无良金融机构的共犯，最后变成了一场押上了现在和未来几代人命运的赌局。

焦虑的情绪很快就蔓延开来，人们纷纷谴责金融当局遭受到大规模的“规制俘获”[2]；随之而来的还有弥漫在央行之间的恐慌之情，它们害怕的不仅是当面对紧急情况时缺乏足够的应急工具，同时也害怕当涉及危急经济和金融之间的联系时，它们获取不到足够的信息。

美联储2008年的会议纪要（2014年公开的一份1865页的文件）里面提到:“对于恐慌和混乱最详细的描述，发生在2008年雷曼兄弟倒闭后的那个秋天。”罗宾·哈丁（Robin Harding）写道，“当雷曼兄弟倒闭之后，美联储很难理解全球经济所面临的危机。”[3]

想要了解这场灾难的影响程度，需要在对若干问题的理解上有一个精神支点——一个挑战了已有的、根深蒂固的观念的支点。

在2015年3月公布的2009年会议纪要中，美联储官员的强烈焦虑和悲观情绪显露无遗，好像都在争先恐后地想要把控住“深陷日本式经济危机”的经济形势。[4]耶伦主席在以旧金山联邦储备银行行长的身份出席联邦公开市场委员会的一次会议时表示，一个快速的V形反弹是令人难以置信的，“即使是渐进的U形复苏也不可能出现”。对于正在实施的一系列积极的政策措施，她补充说:“我们现在正拼尽全力蹬着自行车爬一段上坡路，而不是开着高性能跑车猛踩油门。”

危机来临之时，相当多美联储官员都因为对各方风险的错误认识而被打了个措手不及。如同会议纪要中表述的那样，他们更担心的是通胀的威胁，而非金融“骤停”的可能，而后者也许会把世界推至更险恶的边缘。

对此，《华盛顿邮报》（*Washington Post*）的马修·奥勃良（Matthew O’Brien）在自己的博客中对布鲁塞尔的勃鲁盖尔智囊团做了一次字数统计，结果很简单但非常引人深思。他发现，在雷曼兄弟倒闭前夕，联邦公开市场委员会 2008 年 6 月的会议纪要中出现 468 次“通胀”，35 次“系统性风险与危机”，在 8 月的会议纪要中这两个词分别被提及 322 次和 19 次。更加值得注意的是，“ 在 2008 年 9 月 16 日（也就是雷曼兄弟倒闭的前一天）的会议上，‘通胀’出现 129 次，‘系统性风险与危机’仅被提及 4 次。”[5]

金融网络曾经备受推崇而且错综复杂，但当它从高效的创造者或风险缓解者的角色转化成金融和经济混乱的复杂的传播者或放大器时，人们都低估了其转化程度到底有多深。

因此，央行努力去松开回路切断器，但级联故障环环相扣，尽管它们已拼尽全力，但仍然找不到主开关的位置。

2008年秋天，伯南克——作为世界上最强大的央行美联储的主席——在别无选择的情况下，通过美国国会发出了警告：一场巨大的经济危机正在席卷美国和全世界。他和当时的财政部长亨利·保尔森（Henry Hank Paulson）一起恳求国会批准以最快的时间拿出大量资金来稳定金融系统，他们认为美国经济已经失去了支撑点，其危害正在不断蔓延开来。坊间甚至有流传说保尔森曾跑到国会领袖南希·佩洛西（Nancy Pelosi）面前，单膝下跪恳求她支持自己备受争议且耗资巨大的救市计划。[6]

全世界的人们震惊了，开始恐慌并质疑为什么央行居然允许情况变得如此失控、绝望与危险。许多日常的经济和金融活动都突然遭到破坏性的中断。像我一样的人每天开始接到无数个电话，电话那边不仅有不知所措的立法者和决策者，还有普通的百姓们——他们要求我去学校、图书馆这样的地方演讲，去解释到底发生了什么以及为什么会发生这些。

面对如此混乱的、很多人之前觉得根本不会发生的局面，在央行家们充分理解这场灾难的规模之大、波及范围之广以前，一些人"如板上之鱼一般垂死挣扎"，一些更有能力的人则"因为眼前的灾难发生的速度太快且前所未见，被吓得呆若木鸡"。[7]

2008年的第四季度，产出和贸易遭受了最具戏剧性的崩溃。失业率飙升，仅美国就失去了800万个就业岗位（见图3），跨境贸易更是几乎完全停止（见图4），这进一步加速了经济崩溃的步伐。信用证几乎无法开立。即使拥有最强大的资产负债表的成功公司，也发现自己的运营资金被切断了。

广泛的金融资产的价格体系崩溃了。那些有能力快速部署现金以及从议价中获利的人，即使面对着几周前他们还觉得很便宜的东西时，也失去了再议价的兴趣。

直到后来，人们才意识到这场灾难究竟有多么触目惊心；但这些和之后可能发生的“骤停”比起来都不算什么了。除了可见的经济和金融动荡之外，还有一个更加不容易被发

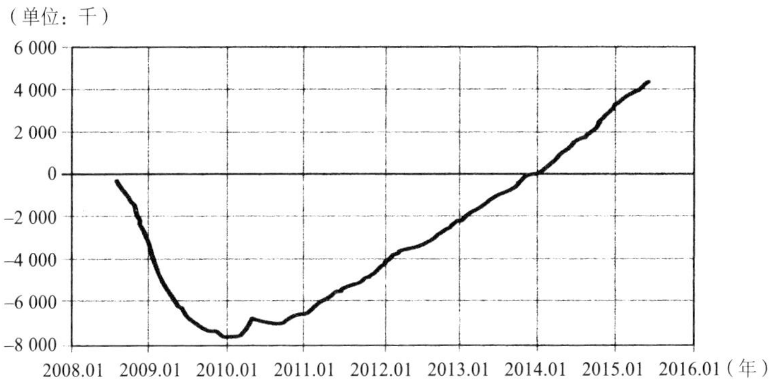

图3　金融危机造成的美国失业形势

数据来源：美国劳动统计局，2015年

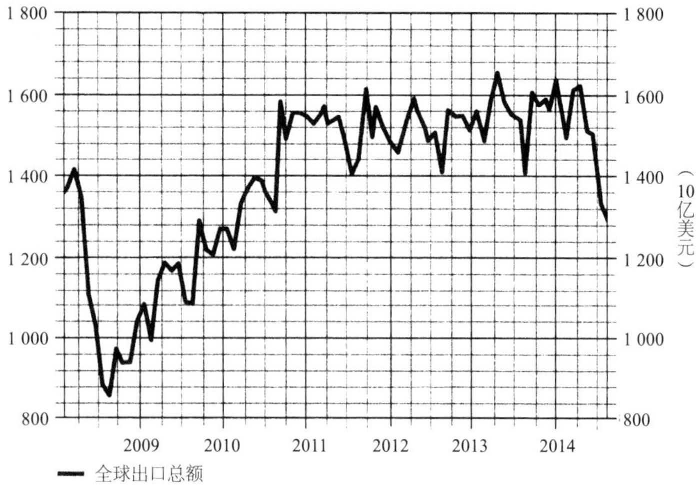

图4 跨境贸易（或世界贸易）崩溃

数据来源：汤森路透

现的弱点，也是市场经济和相互关联的全球经济的致命弱点之一——对支付和结算系统的致命侵蚀。

我生活在加利福尼亚州，这是一个流行汽车导向文化的地方，人们都喜欢“免下车”快餐店（现在连免下车的星巴克都有了）。我曾经用一个简单的类比去形容那些戏剧性的日子。雷曼兄弟破产的余波让杠杆大厦彻底倾覆，把世界推到了多年萧条的危机边缘，世界上没有哪个国家可以逃过此劫。

想象一下，一个顾客在“免下车”麦当劳里点了一个大汉堡，下单之后被要求去其他两个窗口——其中一个窗口付款

（“支付”），另外一个窗口取餐（“结算”），两个窗口之间只相隔几步。但是，这个顾客突然想起来，最近有快餐店破产了，有些客人就被晾在了这两个窗口之间，有鉴于此，这位顾客要求即时付款、即时结算，但快餐店的系统并不支持这样的要求。

由于顾客不愿意承担在支付和结算窗口之间这几步的风险，她会拒绝付款。尽管已经饥肠辘辘，她最后还是会开车离去。要记住，顾客有权获得食物并且有权选择支付方式。与此同时，对这家餐厅来说，情况只能更加恶化。受客观形势所迫，顾客不得不放弃了很合口味的完美一餐。

这样就从根本上加速了市场连锁失灵现象的出现，这在以前根本不可能发生，但其影响是破坏性的。那些在交易大厅直接接触金融交易的人们都震惊了，因为他们发现连最基本的金融交易都无法进行了——包括将现金存入金融系统以及高质量抵押品的置换。

不稳定的浪潮蔓延到美国货币市场的那天，我至今记忆犹新。一个大基金被迫“跌破净值”（即无法按客户要求的票面价格满足他们的赎回请求）。实际上，那一天市场失灵状态已经开始显现，当时我在加利福尼亚州，下午晚些时候，我打电话给我的妻子，让她赶快去柜员机上取现金，能取多少取多少（一天限额大概是 500 美元）。她问我原因，我回答说，银行很可能第二天不会开门了。

我觉得当时没有几个人相信我的说法。毕竟，美国的金融机构和央行都已经发展得很成熟并且管理很完善了，不像发展中国家的那么脆弱。我们生活在一个成熟的资本主义国家中，有着发达的金融系统、强大的央行以及危机断路器。

仅仅几个月之后，我的担心就被证实了。当伯南克主席和财政部长保尔森在公开场合回忆起当时的情景时，伯克南对此的描述是“非常非常黑暗的8小时”[8]。美国和世界上大部分国家几乎都要宣布施行“银行假日”——为了之后的重置以一种可持续的方式关闭金融系统。

此外，关于这场危机，国务卿盖特纳在他的书中曾这样说：经济团队的成员“公开谈论”国有大银行。而这仅仅是他们发现团队成员之间“意见相左”时的问题之一，虽然他在书中传达的信息是“意见分歧到最后没有造成太大影响”[9]。

金融系统的不负责任让世界遭受了巨大损失，甚至在一个更深的深渊边摇摇欲坠，而互相扯皮推卸责任的把戏才刚刚开始。银行发现自己在舆论抨击的最前线，这当然也是可以理解的，而央行也一样逃不过，无论它们是不是有意的，都沦为了渎职的推动者。

第七章
央行的复苏

持久的还是回光返照？

预测未来的最好方式，就是去创造未来。

——艾伦·凯——

在过去的3年中，央行别无选择，只能不可持续地去维持不可持续发展，直到其他部门为了恢复可持续发展而进行可持续发展。

——穆罕默德·埃尔 埃里安——

面对眼前的混乱局面以及可能到来的更严重的后果，央行的监管从自由放任的模式转变为“不惜一切代价”高度干预模式。这是一个十分戏剧化的转变。

央行和财政机构配合起来共同工作，人们都激动地期待着伯南克主席和保尔森部长共同出访美国国会山的领导——他们使出浑身解数来稳定极不正常的金融系统。

印钞机开始超速运转，无数应急资金窗口打开，大量现金从四面八方注入金融系统；主权借贷和信用担保全面开放，直接公共资金被发放给美国主要银行和无数小银行。

这就像拼命往墙上扔东西一样，有什么扔什么，并希望总有什么可以粘在上面。在经历了一个危险阶段之后，作用终于开始显现了。

对于流动性的空前部署和让市场直接参与进来的措施在这一过程中起到了重要作用，人们对市场体系幕后的操控力量重新恢复了信任。从支付结算系统的恢复开始，功能失调的源头也慢慢被修复了。信贷额度逐渐恢复，越来越多的人愿意重新开始使用，整个系统开始向着正常化的方向愈合，虽然这个过程十分缓慢。接着，不断下降的经济活动开始触底反弹，尽管增长速度十分缓慢。所以，在因为对不负责任的银行系统监管不力而备受指责之后，央行的地位和声誉开始慢慢恢复。毕竟，是它们把世界从一场骇人的大灾难中拯救了出来。

央行也为政客们联合起来统一行动争取到了时间。在巨大利害关系的驱使下，2009 年 4 月，世界各国领导人齐聚伦敦 20 国集团峰会。我敢说，这次会议将被作为全球政策高效协调的极好范例而载入史册。在 20 国集团峰会上，领导人们达成共识，共同致力于加强财政措施和扩大多边资金以支持央行政策。

一场旷日持久的经济大衰退危机被化解，全球经济进入了复苏期，而主导这一切的是重要新兴经济体，这种模式前所未见。对新兴世界来说，西方国家经济的崩塌并没有将它们也带离轨道。人们常说，西方世界一感冒，新兴经济体也早晚进医院，但当有的西方国家进入重症监护室时，新兴经济体却站出来引领发展方向了。尽管过度杠杆化的发达国家的经济也给新兴经济带来了结构性的伤害，但它们仍然成为牵引全球经济前进的强有力的火车头，这也让许多人跌破眼镜。

在 2008 年 9 月雷曼兄弟倒闭之后的黑暗数月中，央行采取了一系列大胆的行动，而不是坐等让经济和金融停滞不前、给社会造成破坏。之后在 2012 年 7 月，它们还再次部署了一个战略，用来规避欧元区——欧洲历史性区域一体化项目的核心组成部分——的崩溃危机。

这一次，欧洲央行行长马里奥·德拉吉宣布，央行将“不惜一切代价保卫欧元”。[1] 为了彻底打消公众对他所承诺的“不惜一切代价”的怀疑，他还特别强调说：“相信我，这就够了。”

或许是因为金融市场领悟了美联储“不惜一切代价”的含义，总之，德拉吉行长的话发挥了神奇的魔力。央行凭借一己之力，把欧元区经济从混乱边缘和代价高昂的分裂状态边缘拉了回来，秩序得以恢复。在这个过程中，央行没有部署任何资金，取而代之的是私人市场挑起了重担。

这个“魔术般的”作用，不仅使即将分崩离析的欧元区货币联盟金融市场恢复平静，保证了欧洲的历史性区域一体化项目得以顺利进行；同时还调整了欧元区的权力等级，把欧洲央行推上了领导地位。事实上，正如两位受人尊敬的《纽约时报》的财经记者——杰克·尤因和本雅明·阿佩尔鲍姆指出的那样，“通过一些措施，德拉吉先生登上了他职业生涯的巅峰。他的‘不惜一切代价’的承诺，让欧元区成功避险并且稳定了市场，他挥舞着道德权威大棒，对欧洲央行管辖范围的扩大进行监管”。[2]

毫无疑问，央行对自己的定位是有效的危机管理者。此外，伦敦峰会结束后，随着危机最极端部分的化解，政客们似乎失去了关注的焦点，央行的存在不仅是有效的，更是唯一的决策实体，就像诺亚行长指出的那样，它们是“唯一玩家”。随着时间的推移，“唯一玩家”的说法与其说是为保证经济高枕无忧，倒不如说这个优势政策成为人们去关注它们的原因。

临时干预政策持续的时间之长超出了包括央行自己在内的所有人的设想。经济复苏进度持续低于预期，人们这时担忧的不仅是有效性，也包括最终的退出过程本身，如市场预期管理、大型央行资产负债表的持久性，以及如何与其他政府机构（特别是金融机构）合作。[3]

国际清算银行（央行中的央行）在2014年的年度报告中对这种忧虑进行了直截了当的总结，其中提到，当央行发现“平滑的标准化非常难以实现”时“颠簸退出”的前景如何。[4]就在几个月之后，即2015年1月，为了降低瑞士在欧元区危机中的风险，瑞士央行宣布退出钉住汇率制，再次确认了这种担忧。

与其说欧元区经济从金融正常化转变为了全面复苏，倒不如说欧元区一直停滞在1%的地带——1%的低经济增长率，1%的“低通胀率”，还有个更广泛的问题，就是发达国家最顶层的1%的人口拥有着绝大多数的社会财富和收入。

对于那些认识到严重的金融碎片化和经济崩溃问题已经步步逼近的人来说，这1%的地区情况好像并没有那么糟糕。然而，欧洲经济停滞不前的时间越长，经济衰退的不利影响也就越严重，结构性失业、通货紧缩、政治极端主义和社会结构风险也就越大。

由于其他决策实体持续性的反应迟缓，欧洲央行不得不选择风险更大的实验性策略。2014年6月，欧洲央行做出了一个历史性的举动——之前从没有央行施行过的，而且处于重大金融危机时期之外的举动——将银行利率下调至负数。2015 年 1 月，欧洲央行更是进一步大规模购买市场证券，将其资产负债表扩大至 1 万亿欧元。

2015 年 1 月 23 日的《华尔街日报》头版标题赫然写着《新时代》(见图 5)，欧洲央行已经开始着手实施大规模且相对开放的量化宽松政策，它重新肯定了将资产渠道的使用作为对抗通缩预期和低增长的手段。为了强调其严重性，德拉吉行长

THE WALL STREET JOURNAL.

DOW JONES

FRIDAY, JANUARY 23, 2015 - VOL. CCLXV NO. 18

What's News

Business & Finance

What It Takes | The ECB's bond-buying plan jolted markets

How many dollars one euro buys

ECB's balance sheet

Stock index performance

10-year government-bond yields

Saudi Monarch Abdullah Is Dead

Bond Buys Usher In New Era

European Central Bank Launches $1 Trillion-Plus Plan; Focus Shifts to Governments

图 5 《华尔街日报》头版上的文章《新时代》

在欧洲央行新闻发布会上表示，央行已经准备好购买负收益的债权（没错，负收益）。

这个声明的不同之处在于，纵观央行之前的发展历程，它从不愿意冒险，从没做过哪怕只是远离正统一英寸的事情，它负责决策的理事会还需要在争取以保守闻名的德国人支持的同时，争取艰难的政治妥协。[5]

在这期间，市场对于央行的持续性参与的反应十分兴奋，机构成了投资者最好的朋友。这种情形曾多次出现在当时《金融时报》的记者特雷西·阿洛韦（Tracy Alloway）笔下《对央行的崇拜》的文章中。[6]

由于反复调节，当资产价格遭遇大气流冲击或经济情况重新又开始波动时，投资者开始变得期待央行干预。因此，即使合理的市场价格调整被人为限制了的时候，由于有了央行的支持，投资者都应该逢低买进以保证获利。

央行是因为其重复性而显得可靠的（至少在大多数投资者眼中），其积极的行动再次点燃了市场上两个最强大的术语——“金发姑娘”和“大缓和”。长期的极低利率有力推动了这两个词的出现，以至于在2014年12月的《华尔街日报》CEO理事会上，德高望重的美联储副主席斯坦利·菲舍尔（Stanley Fischer）说：“我们几乎已经习惯性地认为零利率是正常的，但那已是过眼云烟了。”

市场也开始习惯了异常低波动的长期周期，美国经济逐渐改善，央行宣布它有足够的“耐心”——这些都预示着经济金融将保持一段相对长时间的平静，无论其中是否有人为因素作祟。这种市场环境很自然地去鼓励投资者冒更大风险，包括利用借贷和杠杆去增加市场投资机会。

有了这种一再重复的“和你做朋友的趋势”，加上资产价格极其压抑的波动，“搭市场的便车”变得诱惑性十足。毕竟，央行已经确保它所做出的所有调整都是小范围的、暂时的、迅速可逆的。人们接受了“理性泡沫”理论，通过评估债券的绝对和相对表现来进行更短期的投资，这样一来，如果最终投资者们不愿意调整他们的预期回报值，资本也能够得以快速流动。

对一些人来说，金融市场的表现再次显示了它对美国经济学家海曼·明斯基（Hyman Minsky）的重要见解缺乏重视。明斯基最出名的理论是他提出的“金融不稳定假说”[7]，他认为，在资本主义经济中，金融稳定时期会导致随后的巨大的金融不稳定时期。

潜在的道德风险越来越引起人们的注意。2014 年 10 月，适度市场波动的收益导致一些尊重市场参与者要求美联储推出

“第四轮量化宽松”（QE4）政策——另一个大规模资产购买计划，目的是抑制市场波动性和人为的再次推高资产价格，这让当时的我困惑不已。

必须说清楚的是，这个时期的美国经济正在缓慢回升，而且对于高收入群体的倾向性减少，每月提供超过 20 万个就业岗位，其发展势头令人印象深刻。消费者信心回升，美联储处于退出“第三轮量化宽松”（QE3）政策的最后阶段。然而，所有这些都是由世界其他地区的发展引发的波动，它们请求美联储推出另一个大规模的资产购买计划。

第四轮量化宽松政策的最直接目标——国债收益率、新增抵押贷款以及住房再融资——已经处于历史最低水平，这让整个情况变得更加荒谬。[8] 银行现金充裕、美联储持有大量超额准备金。没有迹象表明即将到来的中期选举能够改善政府功能失调的现状，并提供一个有美联储参与的全面应对政策。不管怎样，绝大多数美国公司和家庭都开始从国际油价大幅下降中受益。

虽然很多人都在鼓吹第四轮量化宽松政策，但潜在的行为制约是很多央行都面对的一个让人头疼的现实问题。央行之前曾几次尝试退出实验性货币政策，但都以越陷越深而告终。现在央行似乎也认识到了这个问题。事实上，在市场平静期，央行中的一些人曾对市场未来的波动性提出过警告，其中就包括在 2015 年 1 月举办的瑞士达沃斯世界经济论坛上，英国央行行长马克 · 卡尼提出：“市场和政策制定者预期之间的差异可能会对金融系统波动带来巨大影响。”[9]

实验性策略实施的时间越久，我就越担心央行会逐渐从问题的解决方变成问题的一部分，尽管它们才是整个解决方案中唯一能起真正作用的重要参与者。

令人失望的经济结果和对不平等的高度关注，再加上不断飙升的金融市场已经完全脱离了反应迟缓的普通民众——第三部分我们会更详细地讨论这个发展——自然而然地加剧了民众对金融部门和监管机构的不满情绪。

我们在这里说的远远不止“救助疲劳”那么简单，还包括（仍然包括）根深蒂固的愤怒情绪和触目惊心的信任赤字——不仅是针对央行对不负责任冒险行为的纵容，还包括将数万亿美元的救市资金注入到各行业领域，以及它们一手安排的这场盛大的金融复苏，但从中受益的是华尔街而不是普通百姓。

针对这个危机，在秘书长蒂姆 · 盖特纳的书中有这么一段很有用的评论，却很少有人能真正理解：“总统知道，如果金融系统不牢固，他就无法修复更广泛的经济形势。银行就像经济的循环系统，在经济日常运行中发挥着巨大的作用。离开金融系统，什么经济都玩不转。”[10]

但是，当银行系统“稳定”下来之后，国家、地区乃至全球的经济发展仍然停滞不前。在本书的第三部分中，我们将分成 10 个可诉性问题来讨论这些经济萎靡不振的主要地区，以及会对当代和后代福利带来重要影响的问题。

THE ONLY GAME

IN TOWN

第三部分

从“是什么”到“怎么样”

我们要做什么？任何事，一些事，只要我们不傻坐在那里就行。如果搞砸了，那就从头再来，尝试其他东西。如果我们想等到满足了所有不确认因素之后再动手，那可能为时已晚。

——李·艾柯卡——

THE ONLY GAME

IN TOWN

第八章
奠定基础

十大挑战

激进的货币干预政策的病毒已经侵入到世界政治的血液之中。

——吉姆·格兰特[1]——

最近这场在央行带领下的“过山车之旅”是和10个相关的发展问题紧密关联着的，这些发展共同组成了本书的主要脉络——从是什么到如何、下一步是什么、为什么，再到怎样——这些不仅说的是央行，也包括全球经济发展的方向。

金融危机爆发之前，央行错失良机；之后，这些强大的机构以令人印象深刻的方式做出了回应，并帮助世界避免了一场全球大衰退。但是，当其他掌握着更好工具的政策制定者们没能承担起他们的责任时，央行只能被迫继续依赖自己那些不完美且残缺的工具，当然，最后的结果也是谁都意想不到的。

是的，央行设法阻止了可怕的经济金融危机的蔓延，避免了一场人类巨大的灾难；是的，它们帮助经济打好基础，自身也得到成长；是的，它们迫使银行重组，团结一致，为公司和家庭恢复元气赢得了时间。

对于所有这一切，我们应该心怀感激，感激它们的勇气、创新力和决心。但如果考虑到它们是“唯一玩家”，央行已经无法生产出西方经济——包括世界——最需要的东西：高速、持久以及与真正的金融稳定相结合的包容性增长，我们对此也不应该觉得太吃惊。其结果就是，央行的行为最后实际上更多地帮助了华尔街而不是普通大众。

2014 年 3 月的《经济学人》杂志中有一句话说得好：“低利率和低波动对资产价格的影响大于对产权投资的影响，早在经济达到充分就业之前，风险就已经开始制造金融泡沫了。”[2]

国际清算银行更进一步对发达经济体提出了警告，“金融繁荣把虚幻富足的仙尘抛散开来”。[3] 随后，《华尔街日报》发表了一篇文章，谈的就是“投资者的困境”，文中指出，“这些日子里，投资就像在内曼 · 马库斯奢侈品专卖店购物一样：东西都太贵了”。[4]

无论是国际清算银行还是《华尔街日报》，它们反映出来的是许多人共同的关注点。在不断向前冲刺去打破一个又一个纪录并且逐步规范的过程中，金融市场已经基本脱离了增长乏力的基本面。具体而言，由于央行的非常规方法对金融市场的影响远远大于实体经济，造成资产价格已经飙升到按大多数标准衡量都高于基础经济和企业自身条件的程度。这种脱节程度越大，社会凝聚力、政治一致性和多边协调面对的压力就越沉重。

尽管央行一直在艰难尝试着，但它最终是否能够成功地将经济重新带回到高增长道路上，是否能保证金融的持久稳定，或者是否能在不带来经济问题和造成金融不稳定的前提下推出这种活跃模式，这一切都仍未可知。

如今，人们都还不知道世界应该如何在政策前景下处理那些重要央行之间不断增加的“分歧”（一些央行，如欧洲央行和日本央行，倾向于更强硬地去作用于刺激加速器；而以美联储为代表的另一些央行，将逐步放缓它们的脚步）。此外，由于央行现在越来越多地扮演着“准财政”机构的角色而非货币机构，它们好不容易从政府那里争取来的独立和最关键的经营自主权，又将给它们带来多少政治风险，现在也还无从知晓。

与我们期许的正好相反，在全球金融危机大爆发近8年后，发达经济体一直背负着10个关键问题，这些问题的不利后果是多方面的，而且具有令人担忧的自馈式发展模式，其影响范围也不仅仅局限于上面提到的那些国家。

要想在围绕着这10个关键挑战的环境中顺利通过，即使最成功的新兴国家或公司也很难成功。伯南克主席在2010年曾经提醒过我们，央行的实验性政策中涉及“利益、成本和风险”的组合，这意味着一个真正的“不寻常的不确定性的前景”。由于全球经济中的不确定因素和复杂的相互关系，我们需要彻底理解这句话的含义，更关注其中提到的问题。

其他决策实体和央行联合起来，共同去实现它们的经济责任。这一过程花费的时间越长，对于长期依赖非常规货币政策来获利的人们来说，产生附带损害意外后果的风险就越大。人们担心的是，与通胀激增相关的传统政策越少，今后在快速增长和金融不稳定之间权衡的次数就越多。正如拉里·萨默斯在欧元区经济政策研究中心（CEPR）一部重要的电子书中谈到长期性经济停滞时所说，“金融稳定是要付出代价的”[5]。

正如我们不久以后就将看到的那样，这些挑战不仅局限于经济增长、价格形成和金融稳定方面，还包括不平等、全球失衡和失业等问题。在这个过程中，经济和金融层面的挑战被更棘手的地缘政治、国家政治和社会方面的问题放大了。

第九章
一代人的挑战

寻找并维持包容性增长之道

我们选择登月，不是因为它容易，而是因为它很难。

——约翰·F. 肯尼迪——

问题1：重复性的经济不充分扩张，反映了周期性、长期性、结构性阻力，凸显了许多发达经济体仍然缺乏适当的增长模型的问题。

如图6所示，全球金融危机爆发后，发达经济体的发展陷入了巨大困境，而且经济不增长，就很难提高生活水平、减少贫困、进行未来投资。

欧元区和日本已经在努力地将它们的国内生产总值（GDP）恢复到2008年金融危机之前的水平。英国和美国做得更好一点，它们借助良好的国家和地缘政治环境，经济增长势头强劲。比如，美国更灵活积极的体制使其经济具有创业性的特点；英国能够吸引来自世界某些地区的大规模投资，较少受到乌克兰地缘政治紧张局势的影响。然而，即便如此，这两个国家的经济增长速度也仍旧远远低于理想水平。

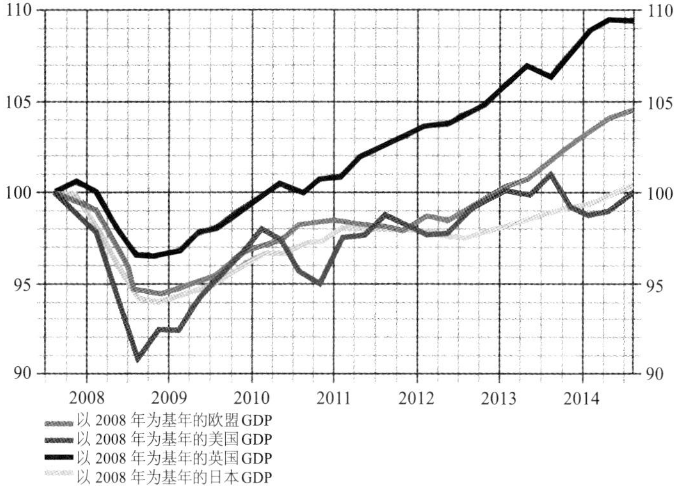

图 6　美国、英国、日本和欧盟 GDP 水平发展曲线

数据来源：汤森路透

这个令所有人失望的结果说明了一个不幸的现实：太多数发达经济体缺乏适当的增长引擎。这并不奇怪，因为它们都沉迷于一个不可持续的增长方式无法自拔，而不是为了适当的增长驱动力运用金融工程和信贷权利。更糟糕的是，经济近期持续性表现乏力，使得人们更难以在用基本和持久的方式改进经济增长引擎方面达成共识。

正如我在2013年指出的那样，很多摆脱了危机的国家已经克服了诸如设计缺陷、增长乏力等经济危机后遗症的影响："有些国家（比如希腊和葡萄牙），依赖政府的债务融资去刺激经济活动；另外一些国家（比如塞浦路斯、冰岛、爱尔兰、英国和美国）借助金融机构之间不可持续的杠杆作用的激增，来资助某些私营部门的活动（例如住房），这些活动有时几乎与基本面无关；还有一些国家（比如中国和韩国）利用看似无限的全球化和蓬勃的国际贸易来获取日益增长的市场份额。"[1]

经济增长方式需要在与当今全球现实情况保持一致的情况下重置并重新校准，这些都需要时间。比较简单的情况会需要一个恢复愈合期并单纯地调整到目前的增长模式；然而更多的情况则会涉及基础结构调整，或者是向全新模式的过渡。后者说的就是像希腊这样的国家，如果不能在实现和分享经济增长方面进行深层次的改革，那么它们重获繁荣的希望渺茫——假设它们的债务负担已经明显减轻。

全球经济缺乏足够个体增长引擎的时间越久，各国寻求从他国"窃取"增长而非增量性扩张的可能性就越大。而且，就像过去一样，很多国家会再次把汇率作为主要手段。

通过对本国货币的强行贬值，这些国家利用更便宜的出口价格和更昂贵的进口价格占领其他国家的市场份额。事实上，除了美国（直到 2015 年 8 月）和中国这种极少数的个例之外，世界上绝大多数国家最近都已经开始这样做了——无论是有意的还是无意的。而且直到现在为止，因为它是一个相对封闭的经济体，贸易尽管一直在增长，但占国内生产总值的比重相当小，所以美国一直是唯一一个愿意看到国内货币升值的主要经济体，并能够为其他国家提供增长动力。但这里也有限制，特别是当美国公司发现竞争越来越大的时候。

这种汇率策略是（在大多数情况下是）一个零和游戏，事实上，也有人称之为隐形的货币战争。因为发达国家在努力实现经济“腾飞”的过程中取得的成功有限，经济调整和改革疲劳现象很有可能会提前出现。欧元区的部分地区、日本社会的某些领域和新兴世界国家都是这样的情况。因此，有些国家的政府已经开始想要重新回到原有的疲惫式增长方式上去（比如巴西），哪怕其效果有限，哪怕会带来潜在的间接损害和意想不到的后果，这也是可以理解的。

对于那些仍在努力克服巨大债务负担的国家来说，这个问题尤为严重。比如上面提到的希腊，为了应对国内生产总值的急剧崩溃（见图 7），它急需一个全新的增长模式。长达 7 年的

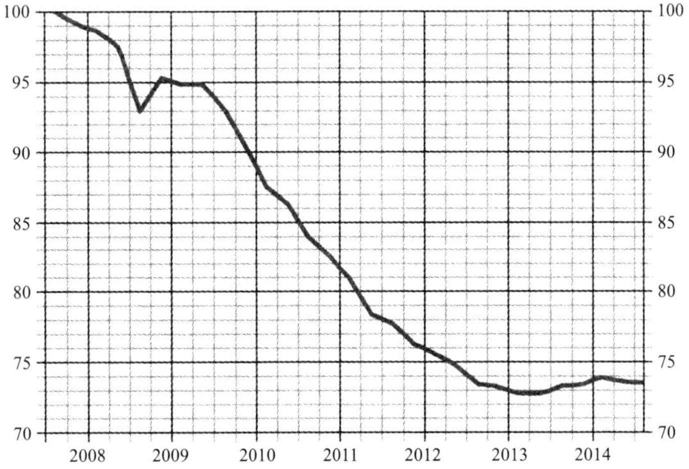

图 7　以 2008 年为基年的希腊 GDP

数据来源：汤森路透

战争把希腊之前的发展成果消耗殆尽，穷人们的生活水平更是一夜回到 20 世纪 80 年代。[2] 2012~2014 年，为了缩减财政赤字、改进税收管理、强化银行体系、增加政府运作的透明度和问责机制等，安东尼斯·萨马拉斯（Antonis Samaras）政府开始致力于实施一系列政策，但大多数希腊人民并没有如释重负的感觉。

这些措施中的一大部分是以牺牲那些已经遭受失业或降薪打击的人民的利益为代价的。尽管他们觉得至少可以做些什么，但他们很快发现很难保护自己——希腊的穷人承受了最大的重担。

不出所料，在2015年的希腊大选上，人民选择了激进左翼联盟党领导的新政府，他们相信或许这个全新的、充满活力的政府能带领他们走上一条完全不同的新道路。但是尽管总理阿莱克斯·齐普拉斯（Alexis Tsipras）魅力非凡且经验丰富，他还是发现反抗现有体制、提供所需的政策支点困难重重。经过数月的曲折谈判、资本管制、全民公投、反复的懦夫博弈、希腊央行的3周暂时关闭之后，政府不得不又回到了老路上——所谓的“拖延塞责和装聋作哑”。

当然，增长不足也是意大利和日本长期面对的一个持续性问题（见图8）。这个问题产生的影响力之广泛，即使那些立志改革并且避免金融诱惑的国家也难以避免，比如德国。

从最开始关注的周期性限制到之后适时的危机后复苏，经济学界一直在针对现实情况进行分析研究。观察这些共识的演变过程非常有趣——我和太平洋投资管理公司的前同事们已经能够从更独特的角度去看待这一切了。

众所周知，2009年5月，经过投资专家们的数轮讨论，太平洋投资管理公司首次推出了“新常态”（new normal）的概念[3]。这是个很简单的想法，反映了我们对由大规模金融和经济失衡引发的全球金融危机的后果评估。[4]

简而言之，我们并不相信在克服了金融危机之后，发达国

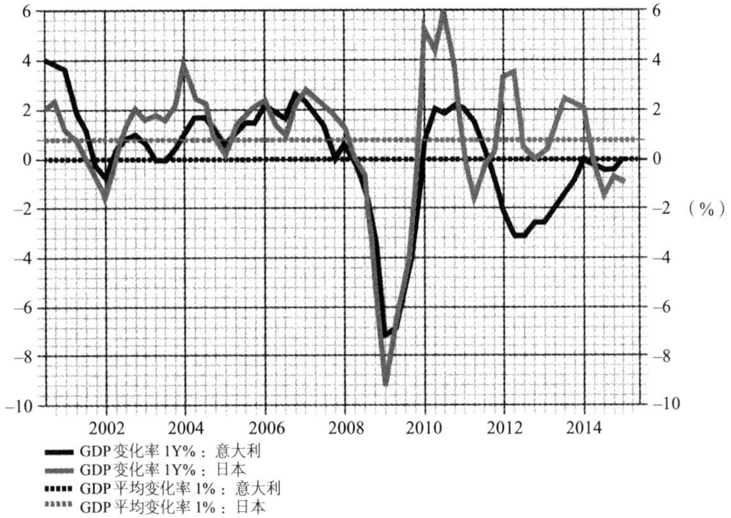

图 8　意大利和日本在过去 15 年的增长曲线

数据来源：汤森路透

家将会重新恢复传统的周期性的经济增长方式。[5] 事实上，我还能回忆起在 2014 年 3 月的一次关于新常态的概念的表述，"就像改编蒙蒂 · 派森（Monty Python）的剧本可能会输得头破血流一样。与其追求一个快速的增长反弹（橡皮筋的 'V' 形恢复），还不如经济活动保持持续低迷、高失业率的现状。"[6]

2009 年 1 月，在一次投资委员会会议上，我向同事们介绍了"新常态"这个概念。之后，我们开始来回排列组合"新"、"常态"这两个词及与其相关的概念（比如"稳定均衡"），想看看还有没有词组能更好地描述和传达"不会是常规性的恢复”的意思。在尝试了很多种，如“新非常态”的不同组合之后，我们一致同意，还是把原有的“新常态”作为表达“会持续至少 5 年时间的不寻常的状况”的概念。

后来才发现，我们并不是第一个使用这个词的人。当时我并不知道，彭博新闻社备受推崇的经济记者里奇 · 米勒（Rich Miller）使用这个词的时间更早——后来他以富于建设性的、温和的方式提醒了我。

“新常态”这个概念很难获得支持和追捧。实际上，它的发展经历了几个经典的阶段：最初被嘲笑，然后反抗，最终被接受。我记得特别清楚，2009 年的时候，有些官员就曾斥之为“胡说八道”。

尽管面对着持续的经济大动荡，许多人仍然受制于传统的周期性思维，毕竟它是几十年来的决策基础——换句话说，经济遵循商业周期的发展是一个相当强大和稳定的路径。因此，他们错误地认为，在 2008~2009 年的急剧下滑之后，会有一个橡皮筋一样的反弹。

当我提出新常态这个建议的时候，发达国家政府界的反馈态度变得更加半信半疑。因为，当他们制定政策与对策的时候，这些发达国家得到的劝告是要多学习新兴国家的经验，毕竟，这些新兴国家长时间处于结构化的而非循环式的经济环境之中。

当时我没有意识到的一点是，这一切实际上反映了决策机构以及社会其他组成部分很难去适应一个新环境。即便人们已经认识到了发达国家所面临的不寻常的挑战，但这个概念仍然被说成是“太宿命”。其实并非如此。新常态的概念只是简明扼要地指出了如果想要帮助经济恢复正常，决策者们需要用不同的方式思考问题，需要拥有更开放的心态。

因此，最初政策反应并没有实现预期目标，白白浪费了宝贵的时间。直到 2012~2013 年，越来越多的决策者们开始理解这个概念的含义，政治背景不再支持实现莽撞的全盘回应。在这一过程中，许多意见领袖继续无视来自世界其他地区（不仅是新兴国家）的见解。

面对迫在眉睫的危机，许多西方国家的经济学家和政策制定者们都信心十足地宣称，“日本的情景绝不可能在这里发生”。[7] 事实上，这里面的许多人都曾经给日本政府讲过课，自信果断地告诉日本应该做什么才能避免“迷失的几十年”。然而，在这样做的过程中，如同我在 2011 年的一篇文章[8]中写到的那样，这些人都欠日本一个道歉，他们严重低估了后泡沫时代经济复苏面对的挑战。鉴于欧洲和美国在危机之后的复苏不足带给人们的震惊之大，很多人都学乖了。

上面说了这么多，最终，在 2014 年还是迎来了一次相当广泛的改革。面对危机之后的平庸经济形势，新常态变成了主流观点，除此之外，在这个过程中，它还被取了另外两个名字——一个更复杂，另一个更吸引人。

在 2014 年 2 月的一次有力的演讲中，拉里 · 萨默斯向公众推广了“长期停滞”的概念。[9] 他指出，近些年经济令人失望的不佳表现有其重要的结构性原因，并且会持续很长时间。但这个概念起初只是在经济学家和决策者们之间传播，真正在大众间流行起来是在 2015 年 4 月，这还要得益于萨默斯教授和前美联储主席伯南克之间通过博客进行的一次不同寻常的交流——这次交流的焦点再次集中于长期、结构性驱动和周期性驱动之间的平衡。

六个月前，前法国财政部长、国际货币基金组织总裁克里斯蒂娜 · 拉加德（Christine Lagarde），决定使用一种更为脚踏实地的说法，于是在国际货币基金组织和世界银行的年度会议期间，她把“新常态”称为“新平庸”（new mediocre）。[10]

对这种不寻常的和令人担忧的现象，人们提出了各种各样的解释——从逃离流动性陷阱的困难、资产负债表衰退的挑战，到生产率趋势、基础设施投资不足、债务的影响、人口统计学以及“和机器赛跑”的变化。这些因素带来的影响，首先是使实际增长低于经济的潜力，其次是拉低了未来潜在的增长能力。人们也曾经尝试通过长期停滞的综合分析模式来将这些驱动因素规范化，其中就包括高迪·艾格特森（Gauti Eggertsson）和尼尔·梅赫罗特拉（Neil Mehrota），他们曾很有见地地提出过新凯恩斯迭代模型。[11]

通过借鉴美国著名经济学家阿尔文·汉森（Alvin Hansen）的观点，这两位经济学家解释了为什么常规性的自我校正无法让经济走上正确的复苏之路。[12] 主要是与储蓄的过度供给有关，而永久性去杠杆化的冲击、较慢的人口增长速度、不平等现象的加剧又是导致这一现象的主要原因。因此，经济增长一再被制约着，而经济最终将在一个"不正常的经济秩序导致的长期衰退"中结束。基于此，高迪·艾格特森和尼尔·梅赫罗特拉论证了"长期衰退出现的可能性"。

因为全球互相影响，加剧了各经济体在国内遇到的困难，包括在协调不同国家环境和方法时的困难。2010 年 10 月，就在当时的美联储主席伯南克表示美联储的行动进入新阶段之后不久，马丁·沃尔夫在发表于《金融时报》上的文章中就指出："美国正在试图通过印刷机将自己的意志强加给别国，而对美国来说，它会想方设法赢得这场战争，要么让其他国家通货膨胀，要么强迫它们提高对美元的名义汇率。"[13] 而美联储的实验性刺激政策要么为紧随其后的其他国家提供了一个效仿的示例，要么将造成美元贬值，使美国可以从其他国家窃取增长成果。

马丁·沃尔夫是对的，两个问题最后都先后出现了。一开始，只有英国央行响应美联储，日本央行和欧洲央行持观望态度。结果，美元对欧元和日元的汇率开始大幅下跌。这给其他国家带来了巨大压力，促使日本央行和欧洲央行也开始反常规地行动起来。

总体而言，美国是成功的，它把其他国家都远远抛在了身后。但作为全球经济的火车头，它做出的突破还不够。之后，其他国家也试图以其人之道还治其人之身（也就是把汇率作为政策工具来使用），于是，一段时间之内确实缩小了增长差距，然而世界经济体系始终没有找到促进恢复全球繁荣和金融稳定的好对策。

这些发展和观点指出了发达国家可能面对的更长时间衰退的异常风险。其中最重要的是在可操作的结果方面，他们的观点可以（也应该）被理解为——即使不考虑过于简单化的风险——我们之前提到过的四大广义的政治含义，也就是，同时解决：（1）结构改革滞后于增长引擎的改造；（2）总需求量和消费能力及意愿之间的不匹配；（3）持续性债务对现有及新的生产能力的破坏；（4）欧洲不完全的区域一体化项目，以及其他多边瓶颈。

我相信，如果我们把好多经济学家聚集在一起，他们当中绝大多数人都会同意这 4 个政策的含义是有效的——哪怕对每个所占的权重大小有分歧也没关系。但是，对权重问题看法不一致并不能证明我们缺乏全面的政策行动，特别是联系到日本的两次“失去的几十年”的例子，真实而令人不安。

我们需要更深入地进行分析理解，仅仅明白实际增长的动力是什么还远远不够。经济学家们也在努力研究价格动态，特别是加剧了过度负债的不利影响以及低增长的、持续的反通胀力量——在起初低水平的通货膨胀（或“低通胀”）。人们对未来价格下降的预期越大，其推迟支出的可能性就越大，同时也会破坏公司扩大生产能力和开发新产品的愿望。

经济学家也在试图搞清楚，一旦发达国家最终克服了流动性陷阱并保持了一个更高的均衡增长率，“中性”利率（与稳定通货膨胀并存的稳定的国家政策利率）应该如何确定。一般认为，新的均衡利率结构很可能低于历史平均水平，但究竟应该低多少，仍然众说纷纭。

这种疯狂的追赶过程不局限于经济学家。央行也正在努力，不仅在欧洲和日本——这些地区有害的通货紧缩已经成为现实，至少也是高风险。美联储的境况也差不多。在 2014 年 4 月的一次演讲中，美联储主席耶伦担心央行使用的传统方法可能不足以理解和预测通货膨胀的力量[14]——当通胀成为这些银行的核心目标时，就形成了单一的授权方式（如欧洲央行）或双重授权方式（如美联储），如果官员们对价格形成过程缺乏足够的了解，他们很难自信地面对自己的研究成果。

这还只是耶伦自2014年年初上任以来面对的许多复杂问题中的一个，而她的三位前任对于他们所遇到的问题——保罗·沃尔克面对的高通胀、艾伦·格林斯潘面对的股市崩溃的“黑色星期一”（1987年10月19日）、本·伯南克面对的全球金融危机——都只是做了早期的尝试性的解决，耶伦面对的问题的广度则大得多（现在仍然如此）。

如果说耶伦作为美联储主席从前任们那里都继承到了什么，当时有一段话是这么说的：“也不完全是一杯毒酒……当耶伦接管时，美联储已经结束了，她签署承担了一系列重要的、异常的、脱节断层的策略，她这样做是无心之举。”[15]其结果和影响远远超出了美国和发达国家的福利。

发达国家没能实现名义上GDP的增长，这使新兴国家的日子变得更加难过——不仅国内矛盾更加突出，其引领全球金融体系发展的实验也前景堪忧，这些国家的经济发展总会不可避免地被追求非常规政策所扭曲，并且周期性地受到诸多金融不稳定的例子的影响，包括2013年5~6月的“缩减恐慌”、

2014年10月美国财政部的“闪电崩盘”、2015年1月瑞士的汇率冲击、2015年3~6月德国的债权利率波动、2015年8月中国意外的货币干预举措。所有这些都让杠杆交易者们无序行动的综合影响变得更加引人注目，经纪自营商和中介机构变得谨小慎微，一些终端投资者们稍有风吹草动就赶紧离场。

巴西和印度官员在这一问题上特别坦率，这是可以理解的。在发达国家增长滞缓且只有部分政策做出反应的背景下，这两个国家的经济一直只能被动接受波动性的资本流动，而这些资本的主要驱动力主要来自国外的发展并非这两个国家内部。这里，就涉及“旅游美元”这个长期性的重要问题。我之前在彼得森国际经济学院的一次演讲中曾经讲过这个，下面再来解释一下。

稳健的风险偏好、高度刺激性的银行政策以及发展滞缓的发达国家联手向新兴市场引入了大规模资金流，使得新兴市场成为庞大的交叉投资基金池的目标，这也就是我之前提到的“旅游美元”。因为这种交叉基金管理的资产总额规模巨大，它们投入新兴市场的资金——对这些基金来说只是小数目——往往是知识型专项基金的数倍，而且具有更加不稳定的驱动力。

与其说这类资本是被对国家基本面比较深的了解“拉动”

的，不如说是被来自发达国家更传统居住地的低收益的预期“推动”的。

这类资本通常来自对发达国家证券的基准点进行管理的账户，而不是和某些专业载体联合的渠道。为了追求更高的收益率或价格升值的更高可能，它们的投资经理会“跨越”到更小的（一般是偏离基准的）细分市场中去。

一旦这种资本进行投资，很快就能发现交叉基金的信念和后劲都比不上专项资金。因此，它们往往是“到此一游”而非“常驻本地”。

只要一有风吹草动，这种资本往往拔腿就跑，哪怕不稳定的最初源头并不是新兴市场。（就比如发生在 2013 年五六月间的那次“缩减恐慌”——美联储主席伯南克发表声明表示央行有可能开始减少通过量化宽松政策提供的支持，给发达国家的金融市场带来了巨大影响。）

交叉旅游资本在新兴市场通常只做短暂停留，有一种很难改变的本土偏好，对于自己意料之外的信息，往往会过度反应。

由于资本流进流出而产生的波动几乎要压垮新兴世界国家的金融市场。记住，这些资金流并非主要由各个国家的基本面来驱动；相反，它们是发达国家及其央行政策下信贷工厂的产物，相较于地方金融体系的吸收能力来说，它们的规模更大。

据我所知，目前为止还没有一个新兴经济体能想出一个稳健有力的策略来应对这个挑战，尽管它们也曾尝试过很多次。因此，这些国家的经济增长一直都遭受着相当大的阻力。

在这个问题上，没人比受人尊敬且颇有见地的印度央行行长格拉姆·拉扬更有权评论和更加清醒了。他的个人履历非常丰富，曾担任芝加哥大学的教授，做过国际货币基金组织研究部门的领导，提出了关于金融危机的早期预警（在2006年的杰克逊霍尔会议上），他给全球最高级别的政策对话中引入了一缕清风。

拉扬行长富有见地的评论触发了央行界同僚们的抵触情绪，有两件事情能够很生动地说明问题。

第一件事情发生在2014年4月的布鲁金斯研究所会议上——围绕着在华盛顿特区举行的国际货币基金组织和世界银行春季会议而组织的众多会议之一，拉扬行长就曾对发达国家的实验性政策造成新兴国家的不良溢出发出警告。[16] 在当时的情况下，他的这种态度不算奇怪，因为他不是第一个提出这种观点的人了。

然而，拉扬行长的言论却引发了当时坐在观众席的伯克南主席的反对——他已经在2014年早些时候卸任美联储主席的职位，现在是布鲁金斯研究所常驻杰出学者。

通过互联网实时播放，拉扬行长和专门小组对此进行了回应，央行的高层界进入了一个非常时期：来自不同国家的两个备受敬重的央行负责人之间的一场公开辩论呼之欲出。

伯南克重申了其他发达国家官员早些时候提出的论点，并强调指出，政策的追求体现了“国内措施”对“国内目标”的实现，即实现目标的成功应该转化为使全民收益高速增长，至于新兴经济体的负溢出效应，那些国家的当局应该适时做出政策调整（我们之后会很快再说到这个问题）。

第二件事情发生在本书之前提到的 2014 年 10 月法兰西银行研讨会上。在一次专家小组会上，拉扬行长就央行面临的结构性问题发表了一些深思熟虑的评论，说得更通俗一些，他说的是发达国家的经济。但是，他所在小组的主持人并没有把他的观点当作急需讨论的问题的基础，而是礼貌地规避了，并且把他划到了“国际清算银行阵营”中——近些年来，国际清算银行一直在强调非常规货币政策的副作用，其中就包括当它不能提供针对增长不足的解决办法时，扭曲了市场和基本面之间的关联。[17]

不知道是因为大规模游资剧烈流动的影响太大，还是因为新兴经济体都不能或不愿调整国内政策，新兴世界的整体增长速度放缓，以致它们作为全球经济的重要组成部分无法再扮演拉动其他国家经济增长的火车头的角色——2008 年全球金融危机时，它们就开始扮演这个角色并且减缓了发达国家的经济下行趋势。事实上，当大多数主要国家已经出现经济增长放缓的态势（包括中国、印度和土耳其）或已经陷入衰退（如巴西和俄罗斯）时，新兴世界的角色已经转变为全球经济增长的拖累。

总之，发达国家的增长不足，已经演变成为整个世界的广泛的增长赤字。在这个过程中，新的增长引擎越来越难以寻找，风险越来越大，可能产生的后果已经远远不止经济和金融方面——我们将在本书后面的章节中看到，在社会、政治、制度和地缘政治维度也会产生影响。

新兴市场整体增长减缓并不是唯一一个要注意的问题。它的出现始终伴随着另外一个并发症——各个国家之间和族群之间未来日益扩大的鸿沟。

一些管理比较好的国家，比如印度，正在努力释放被压抑的增长动力，大步向前迈进。其他像中国这种传统式调控良好的国家，正试图在深化发展的过程中，以较低的经济增长率来实现软着陆。尽管面对着内忧外患，但在带领人民脱离贫困的过程中，这些国家的增长将变得更具包容性，虽然收入和财富不平等情况依然难以避免。

其他国家，比如巴西，发现自己面临着老式的滞胀问题的困扰，或者是低增长和高通胀的可怕组合。为了应对眼前挑战而进行的错误的政策组合，不仅没能推动增长，还导致了更高的价格上涨，给人民，特别是穷人带来了更大的生活压力。这一局面的扭转，受制于人们对滞胀情况的不满情绪，以及由此带来的“痛苦指数”（也就是失业率和通货膨胀率的总和），这让已经举步维艰的巴西政治环境变得更加复杂。

另外一些以俄罗斯和委内瑞拉为代表的国家集团，正致力于对付经济衰退、更严重的货币不稳定以及不断蔓延的金融动荡，这些都从根本上破坏着其商业活动。举个简单有力的例子吧，2014 年 12 月，“卢布价值的极端波动”使苹果公司决定暂停其在俄罗斯的销售活动。

每当有一些经济体将其在 2008 年全球金融危机前夕获得的大的反弹消耗殆尽——这种反弹曾经给它们的经济带来了发展，经济增速普遍放缓的现象就会出现。

在经历了多次国内债务和金融危机之后，包括 20 世纪 80 年代拉丁美洲“失去的十年”、1994~1995 年墨西哥龙舌兰危机、1997 年亚洲金融危机、1998 年俄罗斯债务危机、2001 年阿根廷债务危机以及 2002 年的巴西金融危机，许多新兴国家开始着手进行全面的“自我保险”计划，这个计划包括 5 个关键项目的多重组合，直到今天仍有其价值。

• 以充足的国际储备的形式建立大规模金融缓冲区。

• 采用更灵活的汇率。

• 减少债务发行和资产之间的货币错配（经济学家称之为“原罪”）。

• 偿还一些债务，在更优惠的条款下进行其他方面的再融资，包括通过延长还款期限和降低利率。

• 着手进行体制变革，使国内经济管理更负责、反应更及时。

换句话说，在经历了一系列轻微心脏病的侵袭之后，大多数新兴经济体已经走上加强锻炼、健康饮食和定期体检的健康生活道路。因此，当大的心脏病发作时——与起源于美国的2008年金融危机有关——它们挺过来了。它们做到的，不仅是生存下来，而且还迅速恢复了（比大多数人期望得更快，而且比工业世界的同行们做得更优秀）。

然而，从那时起，新兴市场已经把它们的反弹成果消耗殆尽了。再举一个类比吧，汽车产业发现自己走在一个异常漫长且崎岖的旅途上，路上满是由西方国家和自己造成的坑坑洼洼，最后只好使用了备胎，但发现离服务站还有很远。

当今新兴世界的金融缓冲没有那么强劲，原因在于较低的国际储备和更高的公司债务——国际清算银行员工的研究表明，其中相当一部分是由货币错配造成的。[18] 与此同时，很多经济体的政策制定者们似乎有些心不在焉，要么是低估了未来可能面临的挑战，要么只会忙着推卸责任。

除了回弹性变得更低，很多新兴经济体的灵活性也越来越差，以致不能过渡到涉及更多微观政策的负责的经济管理体制——我们称之为第二代结构性改革，它在技术上更难实施，并且很容易被强大的既得利益所影响，但对维持增长和推进发展进程至关重要。

其结果就是，如果发达国家没有实现强大复苏，新兴国家的低增长率是不可能很快得到纠正的。但同时，新兴国家的增长带来的挑战越大，发达国家的复苏进程就越复杂。所有这一切，使全球经济更加不景气，政策失误和市场意外也更加容易发生。

第十章
降低失业风险演变成无法就业

不幸的是，很少会有政府在制订国家计划时考虑到青年人的失业问题。

——科菲·安南——

问题2：目前，许多发达国家的失业率仍然很高，高失业率越来越深入地嵌入到这些国家的经济结构中，因此，这个问题将会变得更加难以解决。

增长不足使得克服失业问题变得更加困难。在欧洲某些地区，高失业率和令人担忧的青年失业率息息相关，情况也尤其严重（见图9）。

在很多地区，这个数字高得惊人。2015年年初，希腊的失业率是25%，其中青年失业率超过50%。而其他欧元区——比

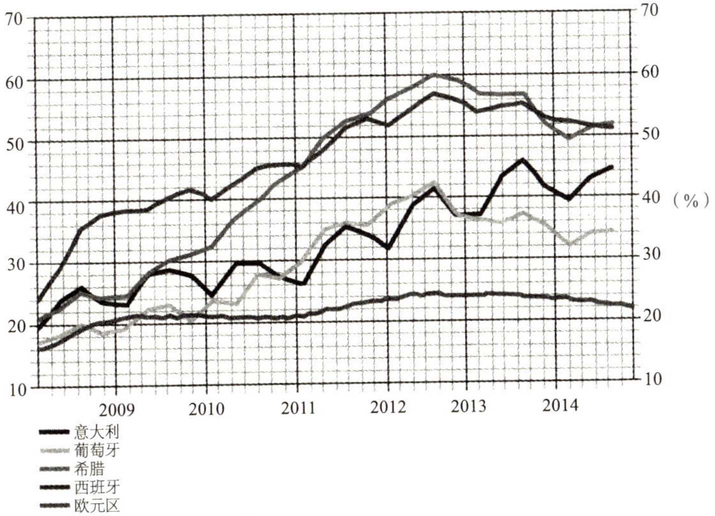

图 9　欧洲某些地区的青年失业率

数据来源：汤森路透

如法国、意大利和西班牙等——国家过高的失业率将这一地区的失业率维持在 10% 的平均水平。然而，同属欧元区的德国的失业率却创下了历史新低。

美国在降低失业率方面做得更好一点，但也同时证明这是一个极其漫长的过程。美国经济用了相当长的时间去推动西方国家最活跃的就业机会创造者的发展势头。然而，居高不下的长期失业率、过高的青年失业率、种族差异以及值得注意的教育问题依然存在。其中涉及的风险需要特别强调出来。

不要忘了，简单的人口统计每年都会把新的就业人口归入劳动力大军中。因此，如果青年人的失业率持续居高不下，他们很可能会从失业变成失去就业能力。这种转变是灾难性的。欧洲国家要关注的，可能不仅是“失去的十年”，还要关注“迷惘的一代”这个更令人震惊的前景，而这威胁到的不只是社会层面，还威胁到民主政体的功能。

我们就从对经济的影响开始说吧。毫无疑问，持续的高失业率会导致生产能力丧失、预算压力增大、总需求不足问题加剧。它会加大社会保障体系的压力，在许多国家，这个问题已然相当严重了。

而这些问题不仅是眼下要面对的，还涉及未来增长不足和高失业率之间持续不断的恶性循环。

增长不足使得创造就业机会变得越来越困难，而那些有幸找到工作的人也很难维持高工资。与此同时，就业机会不足和停滞的薪酬增长在不断蚕食着实际和潜在的增长能力，也让未来的增长变得更加困难。正如美联储副主席斯坦利·菲舍尔在2014年8月的斯德哥尔摩演讲“大衰退”中指出的那样，低迷的劳动力市场加重了人们对经济长期生产潜力的担忧——即使就业和工资增长与结构和长期阻碍之间的平衡仍然存在“相当大的不确定性”。[1]

因为金融、地缘政治、政治和社会因素的综合影响，这些经济问题变得错综复杂。

对于个人和社会整体来说，长期失业的状况使得克服债务负担变得更加困难——欧洲部分地区出现了持续性的债务负担；人们也越来越担心美国学生贷款的偿还问题。加上日益增长的社会不平等情况（下一章我们会谈到），严重蚕食了社会诚信和福利。正如我们下面要讨论到的，高失业率也会使地缘政治和国家政治格局变得更加复杂，造成人民异化，助长极端和单一政治平台的出现，破坏社会稳定。事实上，这种现象已经蔓延到整个欧洲——无论是希腊激进左翼联盟的胜利，还是丹麦、法国、西班牙等国家极端政治势力的增长，对国家和区域政策的制定提出了现实而直接的挑战。

第十一章
不平等的三连胜

通过作用于大脑，贫穷会一代一代地永久保持下去。

——玛德琳·奥斯特兰德——

由于使用这些新手段可能带来与常规货币政策不同的后果，尤其是在财富分配和资源配置方面，确定、权衡并在必要时缓解这些后果变得更为重要。

——马里奥·德拉吉——

问题3：由于周期性、长期性和结构性这些异常因素的综合影响，在那些已经把机会破坏掉的国家中，收入和财富不平等情况的恶化情况已经显而易见。

这就自然地把我们带入到第三个问题，或者说，各个国家在某种程度上都经历了我所说的“三重不平等”——收入、财富和机会的不平等。

不断恶化的不平等并不是新现象。几十年来，它一直是许多国家，包括美国社会的特点之一。事实上，经济合作与发展组织编制的数据显示，“收入不平等现象……在过去的半个世纪中一直很严重，最富有的10%的人口的平均收入是最贫穷的10%的人口的收入的9倍，在25年前，这个数字是7倍”。[1]

如果把最富裕的群体范围重新定义到5%或3%，这个已经很可观的差距会进一步加大。如果把范围进一步缩小到1%或0.1%，差距简直要大到难以估量。

以美国为例，我们先来看看下面这些关于财富的数据。

截至2013年，美国前0.1%的人口拥有着美国22%的财富，所占份额是40年前的3倍；前3%的人口占有着54%的财富；而前10%只给后90%的人口留下了25%的社会财富。[2]

收入方面，这些年的情况也急剧恶化。自从金融危机爆发后，前1%的国家创收者获得了95%的收入增长率（1979~2007年，这个数字一直维持在54%的平均值）。在19个国家中，这个数字干脆超过了100%甚至更高[3]（这意味着，在有些国家，部分人收入增加的同时，还有一部分人的收入是停滞甚至下降的）。

每当全球不平等，也就是穷国和富国之间的差距变小的时候，各个国家内部的收入和财富的不平等现象就会变得更加严重一点。发达国家和发展中国家的现实情况都已经印证了这一点。这种现象不仅与富人占有的财富份额增加有关，更伴随着中产阶级空洞化的出现。《大西洋月刊》（*The Atlantic*）的编辑们曾评论说："美国贫富差距的逐渐增大，意味着中产阶级的腰包正在日益萎缩。"[4]

近些年来，在不平等方面呈现出的变化更加值得我们注意。一方面是美国经济萧条不振，而另一方面华尔街出现了引人注目的危机后复苏，包括企业利润持续的历史性激增，在国内生产总值中所占比重升至创纪录水平，这两者之间形成了强烈对比。在这个过程中，大众的讨论重点已经从把不平等看作市场系统的必然结果以及努力工作的激励政策，转变为对过度不平等可能会对社会造成危害的担忧。

我们之前曾讨论过华尔街的复苏以及会使富人受益的金融资产的价格上涨。与此同时，企业利润占国内生产总值的份额屡创新高。相比之下，大多数发达国家，特别是失业率一直居高不下的国家，它们的工资水平却始终停滞不前。即便是美国，虽然 2014 年新增了 310 万个就业岗位，失业率有了显著下降，但薪酬增长速度仍然慢得令人沮丧。

美联储的研究，其中包括其通过消费者金融调查而获得的丰富数据，证实了不平等性异常且重要的增长，而这只是众多数据来源之一。它详细说明了“2010~2013 年，在扣除物价因素后，家庭总体平均收入增长 4%，而中产阶级收入下降了 5%，同时，收入集中的情况越来越明显”。此外，最富裕家庭的收入显著增加，而“处于收入分配最底端的家庭看到的却是平均实际收入的持续下降”。[5]

从不平等现象日益加剧的现实中，也能看出白人和少数民族家庭之间的差距。美联储数据显示，2010~2013 年，少数民族家庭的中间收入下降了 9%。相比之下，非西班牙裔的白人家庭收入水平几乎没有变化。

在一项 2014 年的研究中，皮尤研究中心的拉凯什 · 科赫哈（Rakesh Kochhar）和理查德 · 弗赖伊（Richard Fry）进一步揭示了这种不平等在“大萧条后，扩大种族间差距”的程度。[6] 根据他们的发现，自 1989 年以来，白人家庭和黑人家庭在财富方面的差距达到了最大。此前，2010 年时，白人家庭收入是黑人家庭的 8 倍；2013 年，这个数字增长到了 13 倍。相对西班牙裔家庭，这个差距也是在不断恶化的，尽管没有到这么严重的地步：从 9 倍发展到了 10 倍，或者是升至 2001 年以来的最高水平。

还有一些长期的、结构性的和周期性的因素，加重了收入、财富和机会上的不平等。

结构性驱动因素多种多样，从技术进步不断变化的性质——高技术人才能够从中受益，到“赢家通吃”型投资特征的兴起，包括偏袒富人的政治体系都属于结构性动因。同时，传统的周期性再分配政策已经明显消失不见了。政治极化严重制约着积极预算政策的制定，政府大幅降低了转移支付和其他支持穷人政策的关注程度（比如，美国国会并没有积极通过新的5年预算，即使这是立法机构的经济管理责任中最基本的组成部分）。在欧洲，财政紧缩政策严重影响了社会部门的支出，进一步削弱了政府的合法收入再分配功能。

央行对非常规政策的限制使得对长期不平等的周期性反应的限制变得更加严格，虽然不是有意的。如前所述，央行资产负债表的扩张是倾向于支持富人的，因为后者拥有的金融资产比例过大，自然成为央行所有行动的标杆。

考虑到上述种种，人们现在如此关注不平等问题也就不足为奇了。2014年，法国经济学家托马斯·皮凯蒂（Thomas Piketty）出版了一部专门讨论不平等问题的经济大部头（近700页，包括研究分析和历史见解），这本书一上市就飙升到畅销书排行榜榜首，并且引发了社会各界的广泛讨论。[7]在2014年华盛顿举行的国际货币基金组织与世界银行年会上，无论在政府部门、产业集团还是智囊团组织的研讨会上，不平等问题都是最常见的议题之一。

也有越来越多的人意识到，不平等产生的影响远不止公平性问题，远不止对社会、地缘政治以及政治福祉构成的威胁：它还创造了一个经济反馈的负面回路，使发达国家摆脱经济萎靡变得更加困难。

在我发表于2014年8月的一篇专栏文章中，[8]我就曾经提出过，理解不平等在经济学中的含义时，不能再自欺欺人地把它理解为对努力工作、创新和创业精神的一种激励。在我看来，如果不平等的程度超过了一定的标准，它就会对经济活力、投资、就业和繁荣造成破坏。其中原因需要结合上文中提到的数据，再回归基本宏观经济学去解释。

富裕家庭往往倾向于花费较少的增量收入（经济学家称之为“边际消费倾向”）。因此，随着大部分社会收益流向这一群体，而收入增长并没有转化成需求增长，这就进一步加剧了范围广泛的总需求不足问题，而总需求不足本身阻碍着以提高生产率为目的的结构化改革的进行。也就是说，收入和财富的不平等已经从充满活力的资本主义制度的一个组成部分变成了破坏资本主义制度的罪魁祸首。

而关于机会上的不平等，我们这里也有事实证明。从长期性的青年失业率到健康和受教育程度，家庭环境在决定下一代的收入和财富结构方面发挥了重要的作用。贫富差距越大，家庭成员受教育的机会和获取的健康服务的差别也越大，这同时也决定了他们的就业前景和收入。此外，最近神经科学也在研究贫穷对儿童大脑功能的负面影响，[9]以及你从贫穷中获得的是长期负面的真实威胁。

央行已经深陷到这个复杂和情绪化的争论中，这并非它们自愿，而是因为它们被迫依赖于一个相对狭窄的、会加剧不平等的政策工具。事实上，这场严肃辩论的中心点，并不是要讨论央行的非常规政策是否导致了不平等，而是未来产生的总体经济效益是否能够抵消这个令人遗憾的结局。

到目前为止，本书的讨论集中于央行政策的影响——把提高资产价格作为促进经济增长和创造就业机会的政策方法。它带来的影响会放大华尔街投资环境的快速改善以及老百姓收入增长的停滞之间的差距。实际上，量化宽松已经成为回忆，如同《纽约时报》的专栏作家弗兰克·布鲁尼（Frank Bruni）在评论纪录片《象牙塔》时谈起大学时所说的："一流的大学像保时捷，它们可以带你走得很远很快，但开车的人只是幸运的少数人。"[10]

不平等性的另外一组效果也值得一提。它们涉及在持续性高度压抑的汇率制度下——央行非常规政策的重要组成部分，对借贷双方收入的直接影响。

显然，低利率——特别是人为压低的利率——通过损害大量净贷款人和债权人的利益，而使大量的净借款人和贷款人从中受益。最大的受益者是政府，其次是非金融公司，而且金额可观。2013 年年底发表的一篇论文表明，据麦肯锡全球研究所的研究员估算，2007~2012 年，欧元区、美国、英国的储蓄总金额为 1.6 万亿美元，非金融公司存款金额为 7 100 亿美元。[11]

这些国家的老百姓家庭生活状况变得大不如前。受影响最严重的是储户——通常是老年家庭——他们依靠的是短期的、收入固定的有价证券（比如存款单），以及从保险公司购买年金来保障自己退休后的生活。事实上，利率下降促使保险公司开始去做一些降低保证支出以外的事情，一些公司甚至已经放弃了年金业务。

总而言之，不平等已经成为一个根深蒂固的问题，其不良后果很容易形成一个自馈式的恶性循环。央行在被迫实施一系列政策之后，短期内加剧了不平等的现象，也难怪它们会发现自己处于一个极其难受的境地。如果没有以下两个让人困扰的现实问题，那么这一切也许还并没有那么要命：第一，现有的政策方针并没有带来收入和工资的持续增长以弥补不利的短期影响；第二，对不平等的广泛回击已经开始，并威胁在未来要把央行吞噬干净。

第十二章
持续的信任赤字

信任，如同灵魂，一旦进入，就一去无回。

——普布里乌斯·西鲁斯——

问题4：机构诚信的丧失是一种对政治家和“系统”信任的更为广义的侵蚀。

机构诚信是推动和维持经济繁荣的关键，事实上，它也是区分稳定的成熟经济体和动荡莫测的经济体的最重要的因素之一。然而近年来，许多机构的信誉都面临着严峻挑战。

很难向公众解释政府和央行是怎样袖手旁观放任不负责任的金融风险，最终使经济陷入危机以及之后长时间的平庸状态的；也更难解释为什么央行要拿出数万亿美元去帮助银行脱离困境，尽管人们觉得它们才是引发经济危机的罪魁祸首，但又有多少银行家最后因为它们不负责的行为而受到惩罚了呢？

强调这些的目的仍然在于揭示银行渎职的行为。全球金融危机爆发已经将近10年，但对银行的罚金仍然还在征收，其罪名就包括操纵外汇市场和伦敦银行同业拆借利率——一个由银行确定的重要商业利率。同时，新的研究揭示了一些银行是如何绕开规则的，而另一些银行又是如何忽视了客户服务和风险管理这些最基本的要素的。[1]

美联储前主席伯南克就曾深陷有关这些问题的问责声中。在他于2014年年初离开美联储后不久发现，“普通美国百姓的自然反应是‘你为什么帮助它们不帮助我？’通过防止系统崩溃，我们正在保护经济，也在保护你们。这个问题讨论起来太复杂，而且很难表述明白”。[2]

美国前国务卿盖特纳对这个问题理解得更加深入。他意识到要说服大众认可对银行进行紧急援助的做法十分困难，于是把矛头对准了那些提建议的人，他们在未来可能会纵容银行不负责任的行为。他在自己的书中把这些人称为“具有道德风险的原教旨主义者”，并且认为他们身上毫无可取之处。[3]

意识到人民对此的愤怒情绪不断高涨，一些态度积极的政客开始不仅关注如何降低银行风险，也开始深入了解这些银行的母国主管机构，也就是美联储是如何运作的——逼得本来生性平和的耶伦主席不得不在 2014 年 7 月的国会证词中发出警告，加强美联储监管可能是一个“严重错误”。[4]

然而，这种现象不会很快消失，尤其是它还使两党各派的立法者都联起手来保持意见一致——尽管各自都心怀鬼胎。

共和党关注的是美联储在市场活动中的参与度，包括在 2015 年年初增长到 4 万亿美元的资产负债表。此外，美联储前任副主席唐纳德·科恩（Donald Kohn）在 2013 年 12 月就曾发表过评论说：“投资组合有可能无限制地增长下去。”对此，美联储理事会成员杰里米·斯坦（Jeremy Stein）回应说：“考虑到潜在的金融稳定性的影响，这些窘境的存在还是有其合理性的。”[5] 正是这些问题导致了立法者们，比如众议院金融服务委员会主席、得克萨斯州共和党人杰布·亨萨林（Jeb Hensarling）对“美联储史上最严格的审查和监督”提出了威胁。[6]

而另外一边的民主党人担心的仍然是美联储靠金融市场太近以及对银行过于友好。在 2014 年 11 月的一次参议院银行委员会会议上，马萨诸塞州参议员伊丽莎白·沃伦（Elizabeth Warren）对纽约联邦储备银行总裁比尔·杜德利（Bill Dudley）说：“杜德利先生，你得管管了，要不我们就找个能管的人去管。”鉴于国会对纽约联邦储备银行的任命没有发言权，这句话的深意尤其值得玩味一番。[7]

其他国家已经在寻找更多的方法来控制银行不负责任的风险。2014 年 12 月，荷兰让所有银行家宣誓“他们将努力维护和促进金融业的信心，愿上帝助我”。《纽约时报》欧洲首席商务记者莉兹 · 奥尔德曼（Liz Alderman）写道：“监管者们并不能震慑到银行系统的罪人，国家只好搬出更高的威慑力：对上帝的敬畏。”[8]

从 20 世纪 80 年代开始，美联储在当时的主席保罗 · 沃尔克的领导下着手进行“品牌化”，而现在所有这些问题都对“品牌化”的进程构成了威胁。[9] 保罗 · 沃尔克对当时的高通胀公开宣战，并且最终保持了价格的长期稳定，恢复了美联储的地位，维护了央行品牌的神秘性。到了格林斯潘任主席期间，央行的神秘性又被进一步增强，那时央行和“大师们”一起，带来了一个看似永久、金融稳定、低通胀的经济繁荣时期。

与在商业中的情形一样，央行的强势品牌地位一脉相承地关系到它们的运作效率。

强大的品牌之所以能闻名世界，凭借的都是客户信任，信任它们对良好成果的承诺和对交付物质量的保证。品牌越强大，消费者的行为就越趋于盲目——就是说，尽管得到的信息有限，仍然有成千上万的人愿意排队去购买新品 。此外，在极少数例子中，一个品牌（比如苹果）甚至可以创造消费者的“魅力”，这也使公司在销售创新和抵御竞争对手方面变得更加有效。[10]

现在，央行已经把自己辛苦挣来的品牌豁出去了：首先是在救助失职银行这件事上面，不能给公众一个让人心服口服的解释；其次是由于工具有限及缺乏其他政府机构的支持，央行本身承担着重大政策责任却不能全面执行——由于其他决策机构无力承担责任，央行此举也是身不由己。

欧洲央行的情况还要更加复杂一些。第一个问题是代表许多国家立场的理事会是否能保持一致（他们对过去、现在以及未来的情况有着不同的理解）；第二个问题，还是老生常谈的某些措施的合法性。与为欧元区专门成立的危机管理小组中的其他成员一样，央行面临着“三驾马车”式的管理——欧洲央行、欧盟委员会和国际货币基金组织的三重管理，这“三驾马车”受经济影响的程度不一、授权任务不同、运作方式甚至心态都各不一样，这种管理方式既笨拙又复杂，根本没有起到什么作用。

机构担心的事情远不止这些。在经历了长期金融压抑之后，储蓄者们开始意识到，鉴于大西洋两岸的部分政策回应，他们马上就将沦为银行恢复和经济回升的“祭品”。不仅是因为主要低风险的储蓄工具（比如国债、储蓄账户或者存款证）

是零利率甚至是负利率，也因为越来越多的提供长期保护（比如人寿保险）的机构开始削减业务量，因为超低收益让它们逐渐开始赔钱了。

政治制度上的无力应对，导致了民怨的最终爆发。如前所述，直到现在，美国国会已经连续5年无法提供一个新预算；多么愚蠢的政治争执才能导致政府停工近3周啊！不仅如此，这些争吵还把全球公共产品供应商推向了违约的边缘；与此同时，为了满足政治需要，国会的工作效率，比如通过法案，降到了历史最低水平。

由美国民意研究中心——芝加哥大学的一个独立研究机构——组织的2014年综合社会调查显示，对国会持有“充足信心”的美国人仅占全部参与调查人数的5%；对于行政部门，这个数字是11%。鉴于之前所说，这个调查结果倒也不足为奇。

这一切都凸显了一个更加广泛的现象——对经济机构和政府公信力的侵蚀，近些年这个现象更加恶化，并从根本上抑制了适度的经济和金融管理。

这不仅仅是美国国内的问题。官员们去到世界各地，尝试回应关于美国国会如何阻挠国际货币基金组织的改革的问题（在其他国家这种改革都是受到大力支持的），即使这种改革并不会削弱美国的投票权，立法者们还是执意如此。改革包括无增量的金融承诺，而这些最初根本都是美国自己牵头去做的。实际上，这些改革都是为美国国家利益服务的。官员们本该关心以业绩论成败的无增量金融承诺，但烦琐的政治争吵、瘫痪的两极分化以及过分的固执僵化，使他们偏离了正确的工作轨道。

其他国家也同样存在着信任危机。2014 年伦敦那次失败的公投，差一点儿就把苏格兰推了出去，如果真的发生，无论对苏格兰、英国还是欧盟来说，都将面临前途未卜的困境。同时，整个欧洲对反传统和反政府党派的支持率持续激增，这个问题我们留到下一章再说。

第十三章
国家政治失灵

政治叛乱——从希腊激进左翼联盟到美国茶党——是许多西方民主国家的一大特征。[1]

——《经济学人》——

问题 5：国家的政治失灵仍然是克服经济低迷和恢复真正持久的金融稳定的一大障碍。

好消息是，最近几年在美国出现的有目共睹的有害的政治失灵的情况，很有可能已经成为过去式了。在经历了2012~2013 年那段时间之后，[2] 很少有政治家愿意再去导致政府长时间关闭或者通过拒绝提高债务最高限额而引发技术性债务违约，没人再想用国家的经济福利做赌注来玩俄罗斯轮盘赌。

但遗憾的是，到目前为止，像这样的好消息仍然屈指可数。

在美国，两个政党之间很难就推动国家向前发展的政策问题达成一致。即便是那种两党都广泛支持的政策，比如自由贸易协定和发展基础设施，其执行速度也极其缓慢。产生这种情况的原因很简单：很多温和派的政治家担心，他们愿意妥协的政治意愿会让自己在下一次初选中付出代价——毕竟，从最近的情况看，选举成功并不依靠打败对手，而是在于如何从自己派系的斗争中死里逃生。

政客们意识到，如果无法由一党同时掌握行政和立法职能，大选就不能改变现状，这使得政治绝望情绪更加浓重。例如，各位可以想想在 2014 年 11 月中期选举中发生了什么。

民主党经历惨败之后，共和党人获得了参议院的控制权，并且在众议院中占领了多数席位，人数之众几十年来前所未见。然而却没人相信仅凭这些，共和党人就能够和民主党总统奥巴马建立起具有建设性的“共治”关系；相反，就在这次选举的短短几天内，两党之间相互指责对方不合作和滥用职权的刻薄言辞已经铺天盖地。之后，两党之间的罅隙日深，特别是其间还出现了一些始料未及的事情——共和党参议员给一个外国国家（伊朗）发去了一封信，警告他们的领导人说，他们马上要和奥马巴签订的那份限制伊朗核扩散能力的协议分分钟就能失效——这种做法明显越界了，只会让美国之后的外交政策变得更加复杂。

这种混乱的僵局很可能会一直继续下去，除非有一党可以同时获得国会两院和白宫的控制权。要理解为什么，你只需要看3个条件，这3个条件是美国政治体系建设性同治的必需：第一，政党要更少地依赖于他们政治基础中更极端的部分；第二，一方领导人要相信另外一方能够而且愿意去遵守双方的协议；第三，双方要真正认识到两边的许多利益随着时间推移都是大体相同的，特别是在更好地服务于国家利益方面。其实，所有这些的意思是，富有成效的共治在短时期内是不可能出现的。

在欧洲，这个问题既存在于国家内部，也出现在国与国之间。

这个致力于更紧密联系的政治联盟区域，未能就共同的一体化视野和周期性国家问题的解决办法上的困难达成共识。各个国家仍然小心守护着自己的那套说辞，把它们当成绝对真理而不是在集体化进程中不可避免的妥协。不仅如此，对本国人民，它们也在不断重复着这套说辞，使得欧元区在今后共同路线图的问题上更难达成一致，所以欧元区的体系结构一直都十分脆弱。

选民的不满情绪蔓延在整个国家。随着极端政党的数量激增，2014 年欧洲议会的大选结果被法国总理曼纽尔·瓦尔斯（Manuel Valls）形容为“太震惊了，但凡有点儿责任心的领导人都必须做出回应”。

他所暗指的这些领导人，是刚刚看到自己政党的大量支持者转投反传统政党怀抱的主流政治家们。法国国民阵线的成功就是一例，德国选择党支持者暴增，丹麦人民党的情况也是如此，这样的例子还有许多，这里不再一一列举。

在 2015 年的希腊大选中，左翼联盟取得了决定性的胜利。在传统观念中，人们总认为反传统派的政党支持者激增的情况只会出现在不太重要的间接选举中（比如欧洲议会选举），而且主要反映出来的是反对票数有多少（或者一种可逆行为，除了因为实力太弱而无法在选举中取胜之外，只是靠负面因素驱动，根基不牢也无法持久），而左翼联盟的胜利给主流政党敲响了一记响亮的警钟。

最后，就像我必须让你们明白未来的挑战是什么一样，全世界的政治活动也必须随着社会的结构性改革而与时俱进；政府面对这些有意义的挑战时，需要认识到不破不立的重要性，但真正做到这一点谈何容易（对企业和个人来说就够难了，对政府来说更是难上加难）。这其中还包括大规模的城市化进程以及特大型城市的出现，这就意味着要把更重要的权力下放给城市以及直辖市。同时，也是更重要的一点，快速技术创业赋予了个人前所未有的权力。

如今，更多城市中的更多人已经可以参与其中，并且，他们很快就能够做更多的事情。这就是“分享经济”，它让更多人有可能成为优秀的企业家和合作者，但同时也会让一部分现在的工人丢掉饭碗，更加弱化政治中心的功能。还有更令人担心的一点，即网络恐怖主义和非国家恐怖主义的威胁会进一步加剧。[3]

政府一方面期待技术革命的到来，希望能够真正提高当前和子孙后代的福利水平；同时也认识到变革创新的双重性，对抗着其中黑暗面的出现。来看看下面这些年轻人面临的风险吧：一方面，年轻人可以通过可汗学院——著名的在线学习平台——去学习知识，进行自我完善，以一个极具吸引力的和具有成本效益的方式来获取技能；另一方面，极端组织“伊斯兰国”（ISIS）的视频也在他们中间广泛传播着，年轻人很容易受到蛊惑而报名参军，过上背井离乡、暴力血腥的生活。而所有这些，都发生在政府管理的能力范围之外。

我们需要看清前方的风险。如果政治家们在发展经济和处理无数长期的结构性问题之间继续犹豫不决，选民就会觉得是时候把这个黔驴技穷、缺乏想象力的领导人换掉了，换成一个更有魅力、更有魄力的继任者。尽管后者也许缺乏全面的积极议程和执政经验，但他们可能带来新的方法并取得成功。或许，有些人会中途动摇并且半途而废，但剩下的人会依靠充满恐惧和偏见的政治手段，给国家带来持久性的损害，放大政治分裂，削弱社会的凝聚力。[4]

第十四章
“零国集团”现象以及国际经济的无体系化趋势

我们现在生活在一个“零国集团”的时代，没有任何一个国家或国家集团拥有或将会拥有一个可以驱动国际议程的政治和经济杠杆。

——伊恩·布雷默——

目前，我们拥有的是一个“国际货币无体系”。没有人必须去遵循任何规则。每个人都以自己的短期最佳利益为出发点来行动。真正的困难在于：对短期利益的追逐，例如追随宽松的货币政策，很可能会取得适得其反的结果。而且，由于宽松的货币政策对汇率的影响，也会进而影响到其他国家。世界上几乎所有国家都追随着美联储的脚步，采取宽松模式，而我们完全不知道最后的结果究竟如何，这里完全就是一片处女地。

——威廉·S. 怀特——

问题6：由于国家功能失调对全球政策协调性造成了破坏，使传统核心和外围关系变得十分脆弱，地缘政治紧张局势逐步升级。

不难看出，政治上的僵局、效率低下的政府和地区合作伙伴之间无休止的争吵，最终将会破坏正确的经济管理和跨国政策协调。在这个过程中，越来越多的国家从长期经济不景气的受害者转变为它的帮凶。这样一来，不仅会破坏经济的迅速恢复，而且会使不利的“多重均衡”发生的可能性提高。换句话说，单一的不良结果会增加未来出现更坏结果的可能性，而不是回归到历史基准上去。

欧洲和美国忙着应付国内的各种问题，多边体系失去了对新兴世界在信用和公平上的信心，也难怪全球政策协调远远不能满足现实情况的需要。但在深入探讨这一点之前，我们必须先认识到，这并不是说全球系统已经完全无效。事实上，一个特别的、积极的后危机时期发展已经出现在了贸易领域——也就是说，基于规则的国际贸易系统已经在一定程度上吸收了低增长和高失业率带来的压力。

与以往不同的是，贸易保护主义已经不再是经济繁荣的真正威胁，至少目前还不是。这与国际贸易的发展和成长的方式有关，与国家和企业的激励机制的配合调整也有关系。

大多数具有系统重要性的国家（还有许多不那么重要的国家）之间都是互为生产者和消费者的关系，私营部门之间的联系也越来越广泛。许多公司在国际销售领域取得了显著增长，其中相当多的公司在海外建立了生产链。

这一切都说明，现代“意大利面碗”的现象是可以让贸易活动受益的。同时，保护主义注定会付出代价。面对这个方程式两边包括家庭在内的诸多经济实体，贸易保护主义的诱惑力下降了很多，那些以推动保护主义为目标的政治联盟也越来越举步维艰。

在以金融稳定委员会（Financial Stability Board，简称FSB）为主导的各方的不断努力下，加强全球各国在金融监管方面的合作是明智之举，这个做法说详细点，就是跨境协调经济和金融问题的功能。当然，这一切并不足以抵消系统核心缺陷造成的压力。

在当今全球经济和金融系统体系结构中，处于核心地位的仍然是发达国家。这个体系结构假设发达经济体在未来仍然能够进行负责任的管理，它们具有巨大影响力以及诸多历史上积攒下来的权利。在多边机构中，发达国家拥有强大话语权以及否决权；作为回报，它们也支撑起了全球经济和金融稳定的局面。

由于无法提升全球系统的设计结构，也不愿意站在一旁被动等待，一些国家逐步建立起了一些可以明确绕过核心的小通道，特别是一些金砖国家①[1]尤其如此。从理论上说，这些国家在文化、政治、地理或语言方面几乎没有共同之处，但这些国家都对西方主导的国际货币体系的管理方式感到不满，从而激发了他们共同一致的行动。[2]

这些行动最开始只是一些相对较小的尝试，主要集中在双边支付安排方面；而在亚洲，一些地区的互换安排已经慢慢蜕变为更大规模的了。

从“新的开发银行”和金砖四国峰会上推动的相关互惠额度，到在中国主导下成立的亚洲基础设施投资银行（简称“亚投行”），我们看到的是，这些国家正在尝试复制国际货币基金组织和世界银行这样的机构功能（尽管规模较小）。当然，这些举措的最终目的还谈不上是要更好地管理全球系统，但是，它们很有可能最终会建立一个平行系统，分走西方，特别是美国的一部分权利。

这也是美国和其他国家纷纷反对这些新兴经济体推动新的体制性举措的原因之一。但他们的反对并不像过去那么果断。实际上，就在美国强烈反对设立亚投行、反对在中国领导下为

① 金砖国家，这个词是10多年前当时高盛集团首席经济学家吉姆·奥尼尔（Jim O'neil）提出，现在是指由巴西、俄罗斯、印度、中国和南非这些国家构成的集团。——编者注

亚洲的基础设施项目主动寻求调动和分配更多的资金时，它的那些盟友们都对美国的反对意见视而不见，以至美国对自己的想法都产生了动摇[3]——从起初的竭力阻拦转变为寻找一个保全面子的方法加入其中。

这可不是美国第一次强烈反对亚洲的倡议了。在 1997~1998 年的金融危机中，亚洲试图成立一个名为“亚洲货币基金”的组织，以更好地应对该地区的需求。这是因为在亚洲领导人看来，国际货币基金组织和世界银行等机构对亚洲国家的形势和实际情况实在不够敏感，它们不仅急于求成、不能因地制宜，而且深受西方国家思想和经验的影响。

由于担心这样一个新的机构会破坏全球系统的运作，美国领导了一个成功的运动来对此进行打压。为了安抚亚洲地区的情绪，美国施行了一系列相对轻松的、局部的举措，其中就包括清迈货币互换倡议。但就西方主要经济体而言，当时确实没有新机构的容身之地，它们自有办法。

在快速向前发展了十几年的今天，无论是美国还是欧洲都再也没有能力去打压新的举措了。因此，国际经济学家们越来越关注不断增加的全球碎片化风险——加剧紧张局势、冲突和低效率。考虑到中国现在的影响和作用，包括中国希望通过大量的金融资源来争取领导地位，这种忧虑短时期内不会消散。

需要注意的是，正在进行的全球调整的出现范围不仅限于国家，我们也见证了企业前景的重大变化。在对影响社会的“四大破坏性力量”进行的一次深入研究中，来自麦肯锡的3位作者理查德·多兹、詹姆斯·马尼卡和乔纳森·韦策尔在《不是一场普通的瓦解：全球四大力量正在打破所有的趋势》一书中指出，“直到2000年，财富全球500强中95%的企业……总部都设在发达国家；到2025年，中国将拥有更多的大型公司，无论是美国或欧洲，我们预测，近一半的世界大型公司……都将来自新兴市场。”[4]

“金砖四国”还不太老练，其举措带来的影响和效果尚无定论，亚投行和新的开发银行亦如此。就像我在2014年7月发表的《世界银行将要失去亚洲了吗？》一文中认为的那样，[5]这在很大程度上取决于它们迎接六大固有挑战的能力，要想应对这些挑战，需要具备以下条件：

- 确定关键的任命和决定的是精英阶层，而不是政治和民族权利。
- 能够在发展和商业目标之间取得适当的平衡。
- 促进公私伙伴关系的可重复使用。
- 确保项目是对环境友好的，是可持续发展的。

- 全面地提出支持性的制度、法规和法律结构。
- 部署和应用一套更为现代的、循证的分析和融资工具。

如果这些条件得不到不满足，“金砖四国”的举措可能会造成三重损失：第一，由于政治分歧、低效率、高费用的影响造成机构自身的损失；第二，“金砖四国”为实现具体目标而不惜以现有体制失灵为代价；第三，无法作为一个整体的多边体系进行有效运作。如此一来，政治声明最终会让人失望且短命，此外还会对未来更有前途的举措带来潜在损害。如果这些条件都得到满足，那么“金砖四国”就可能会成为促进全球经济合作和繁荣的多边主义改造的催化剂。

第十五章
金融风险的转移与变形

定量宽松政策是大胆和创新性的实验，其结果总具有不确定性，有些人可能会因此倒霉。但是，不管央行做什么，总是正确的。

——《金融时报》——

问题 7：在系统性风险从银行向非银行机构转移和变形的过程中，如何占领先机、如何提前应对未来的问题，是监管机构要面对的新的挑战。

毫无疑问，发达国家银行系统的安全性已经提高很多。2009 年，美国首先发起了去风险化进程，开始对银行进行严格的压力测试；英国紧跟其后；而欧元区在经历了一些错误的开始后，终于在 2014 年 10 月迎来了拨乱反正的机会——在一个更强有力的欧洲央行的领导下，最终经受住了一次具有可信度的对于资产负债表的压力测试（也就是“资产质量审查”）。

在监管和市场的双重压力下，银行建立了规模可观的缓冲资本，来避免未来可能发生的错误以及应对外部冲击带来的影响。在未来几年中，为了给“全球系统性重要银行”[1]（包括那些被认为规模太大而难以管理，或者规模太大不能倒闭的银行）提供资金支持，作为附加资本要求（各种附加费用），这些缓冲资本的数量还会进一步增加。

同时，通过处置可疑资产或更好的定价和风险评估，银行一直致力于清理资产负债表，同时也在努力地调整内部激励机制以及尽量减少传统的委托与代理问题——这些问题会导致过分的短期行为以及不负责任的冒险。所有这一切都得到了一个修订后的法律框架的补充支持，包括美国的《多德-弗兰克法案》，这个法案的有些细节仍在落实过程中（其中一些已经被银行有意淡化处理掉了）。

毋庸置疑，净收益才是银行体系稳健性的更大保证。就效率损失而言，它们被视为拉动银行远离过度冒险路线和推动它们实现更强安全性的过程中产生的可接受成本。

更有力的监控体系的形成伴随着对银行更加严格的监督。这些天来，监事会在审查银行房产上花了很多时间，在纽约联邦储备银行透露出关于宽大处理的压力之后，银行遭受到防范监管俘获方面更严格的审查。银行这时已经充分认识到，无论社会还是政治系统，均对新一轮的银行救助计划毫无兴趣。

无论从哪个角度看，银行体系正走在一条通向“实用新型”的漫长旅途上，去风险化还将继续。实际上，2015 年 1 月，摩根大通的首席执行官杰米 · 戴蒙（Jamie Dimon）在一次公司盈利电话会议上就曾提出过“银行正在遭受攻击”，攻击的来源正是众多的监管机构。

已经瘦身成功的银行，还将看到一个“允许”进一步收缩下去的清单。银行家的薪酬将继续接受审查，他们的总支出中的可变股份也会面对不断的审查压力。而兑现期——银行家们用来确定何时拿到自己的股权薪酬——也将被重点监管，追回条款的使用范围也将尝试性地扩大，银行家们将面临把自己的薪酬退还回去的可能，在某些情况下，还会直接规定银行家们的薪酬上限。

整个行业的波动性会有所减小，当然，同时也变得更加“无聊”。市场估值将会演变为对银行业新格局的反映，其中包括债券和股票的相对价格。整个行业变得资本回报率更低、股票估价减少、债券信用评级更高。

然而，这并不意味着系统性风险——即损害实体经济以及破坏就业和民生的金融事故的威胁——已经就此消除或者减少了。毕竟，当这些风险从银行和金融的其他部门转移出来的时候，其形式已经发生了改变。

金融市场的体制空白被看成是有利可图的，但也被迅速填补了。于是，现有的以及新出现的非银行机构正在努力寻找并开拓银行撤退后遗留下来的业务空白。除了专业的大型资产管理机构和新进入者之外，一些对冲基金和私募股权投资公司也正在进行制度变迁。

《华尔街日报》(现任)和《经济学人》(前任)的特约评论员格雷格·伊普(Greg Ip)，对现在的情况做过一个很形象的比喻，他说:"把经济活动中的风险挤出去，就好像用力压在水床上一样：风险会被逼到其他地方再次出现，正因为如此，我们才需要在金融危机之后进一步加强金融系统的安全性。"[2]

这个发展进一步加剧了市场上中间人(经纪人)的减少以及最终用户量(包括传统和非传统机构的资产管理者，还包括主权财富基金、养老基金以及保险公司)不断增长之间的不平衡。这是一个持久的结构性变化，除了在下一章将会讨论到的流动性的影响，这同样会使市场波动更加频繁，价格经过长时间过度调整后导致价格危机，然后突然急剧逆转。

资产泡沫的反复出现有很多原因。信息失灵和市场缺陷的影响被放大的行为模式，会引起反复出现的错误以及委托代理之间关系失调的行为，反过来又会加剧信息失灵和市场缺陷的影响。资产管理者们应对经营风险的办法也被证明是“机构羊群行为和理性泡沫行为的强大动力”。[3] 明斯基金融不稳定假说也与此相关，它提醒我们，长期的稳定往往是之后不稳定的加速器。

低利率环境是这些转变的高速助推器。国际清算银行的总经理海梅·卡鲁阿纳（Jaime Carunan），在 2014 年 12 月阿布扎比的一次演讲中谈到风险转移到非银行部门的问题时说：“对低利率环境下的收益率的追求很可能导致财政失衡。当经济主体预期是低利率环境将持续下去时，或者在市场动荡的情况下货币政策将会放宽时，这个所谓的货币政策的风险承担渠道将会变得至关重要。”[4]

同时，这些因素也对金融市场的顺周期性行为有着重要影响，有可能会向正反两个方向出现超调现象。他们指出，务必要强调银行体系严格限制之外的金融稳定，除了当前的宏观审慎方法之外，还需要更多。[5]

当然，这不是密切关注着金融发展的人们第一次担心风险变形和转移的问题了，我就是其中之一，早在 2007 年，我就曾表达过类似的关注。

观察到新的结构性产品是如何使用的之后，我注意到，当时一些复杂的衍生产品充当起了“信用风险转移技术”的角色，这为风险转移“到一些新的零经验的投资者的身上提供了巨大便利，也为国际金融体系提出了新的问题”。[6]

这一次，金融市场的新型加入者吸引力十足，加剧了对于风险和收益的评估。类似于空中食宿（Airbnb）和传统酒店行业、优步（Uber）和交通运输部门、服装租赁网站Rent the Runway和时装产业、亚马逊（Amazon）和零售业等不再一一列举的情形一样，金融服务业从那些来自“另一个世界”的“破坏者”身上看到了巨大的利益市场。[7]这些非传统玩家通过技术创新以及行为科学的观点，对传统产业造成了破坏。正如《纽约时报》的一篇文章所说，“它们的重点是要改变承销的经济模式以及消费者借贷的经验，并且希望为数百万美国人提供更多的低息贷款。”[8]

P2P（个人与个人间的小额借贷交易）和众筹等金融产品的扩张，提供了金融方式改革的可能性（特别是为贫民阶层），降低了准入壁垒，减少了传统方式的费用，拓宽了可贷资金的来源和用途。[9]但这个领域也存在相关法规及监管滞后的问题，其运作方式尚未在普遍经济衰退的大环境中得到正确验证，这条道路的严谨性也没有经受过整个市场周期的考验。

意识到正在发生的变化后，监管机构们现在也正在努力追赶形势，他们这么努力的目的就是避免再打上一场那样的战争。在这个过程中，他们需要格外留意流动性风险被严重低估的程度，以及因此造成的金融系统重新定位基础市场范式转化的关键要素的更加有限的能力。实际上在我看来，在看待这个重大问题时，我们应该站在一个独立的基础上（见下一章）。

在适应这些新的实际情况的过程中，监管部门也慢慢发现，不能再把之前银行的那套方法简单地应用于非银行金融机构中。制度结构不同，风险、行为、文化、资产负债表管理的重要组成部分也和以往不一样了。因此，在国家、地区和国际层面，监管机构需要做的工作仍然很多。

正如海梅·卡鲁阿纳（Jaime Caruana）指出的，“来自银行体系之外的金融过度积累的问题，应该用什么样的政策措施来解决，几乎没人知道。不过有一个相关考虑是，信用中介机构正从银行业转移到债券市场。”我深以为然。

第十六章
流动性幻觉

与它国债券市场不同的是，美国国债是面向全球交易日开放的…… 近些年来，由于交易性质的改变而引发的令人不安的问题不断出现，但这些问题几乎没有任何预兆或预警，市场却可能会因此突然关闭。[1]

——特雷西·阿洛韦和迈克尔·麦肯齐——

交易所交易基金（ETF）流动性的影响、流动性选择和沃尔克法则还没有经历过艰难时刻的检验，我们会看到下一次严重经济衰退时将发生什么。

——霍华德·马克斯——

问题 8：当市场范式发生变化时，将会不可避免地导致重新配置资产组合的意愿远远超过该系统可以有序容纳的范围。

1989 年有一部电影名叫《当哈利遇到莎莉》（*When Harry Met Sally*），主演是比利 · 克里斯特尔（Billy Grystal）和梅格·瑞恩（Meg Ryan），其中有一场戏，莎莉跟朋友解释自己和男友分手的原因时说，因为自己无法想象和他在厨房忙里忙外的情景，朋友说那是因为莎莉并没有真正尝试过这么做，而莎莉马上回应说，虽然她朋友说得都很对，但她的想法依然不会改变。

从最近几年积累的投资组合风险看——包括大规模美元的风险，投资者的低回报、高风险带来的风险，以及投资组合数量过多而导致的流动不畅的风险——投资者总是深信市场能够为资产的重新配置提供充足的流动性。也就是说，当出售或购买证券的时候，总会有一方愿意按照合理的价格进行交易。然而实际情况并非如此，建立一个整体市场的过程就是一场痛苦的过山车之旅。

有趣的是，当一致意见发生改变、投资们开始努力重新定位自己的投资组合时，实际发生的情况和这种对于流动性充裕的幻想却是背道而驰的。2013 年 5~6 月，伯南克主席提出了那个著名的热词—— “taper”（逐渐减少），并对美联储持续的市场支持行为提出质疑，很多投资者甚至都无法完成最基本的证券交易。同样的情况在 2015 年 5~6 月再次发生，地点是通常被认为保守古板的德国证券市场。证券价格再次在一个非常小的范围内发生了剧烈波动，许多投资者无法以成本效益的方式来全面配置投资组合，这使他们倍感沮丧。

以上只是在过去几年中发生的许多事情当中的两个例子而已，经纪交易商们对风险已经表现得谨小慎微。在这些事件中，最终所导致的市场价格差距加大是伴随着流动性缺乏的市场出现的，同时，人们也越来越担心美联储和其他监管机构在市场平稳运作方面是否有效发挥了监督作用——这样做是正确的。

我曾在一些场合中与人争辩过，流动性是最被如今的投资者低估的风险因素。其催化剂是由于市场传统智慧的改变而引起的对于在缺乏流动性的市场上进行资产组合重新配置时的集体愿望。当投资者因为无法完成将股份变现而进行的资产处置时，最终将导致级联中断。随着价格超量调整，各种临界点被触发，过度杠杆化的经纪交易商和投资者将面临惨败的结局。

那些关注市场日常运作的人也表达了对资金流动性的关注。摩根大通董事长兼首席执行官杰米 · 戴蒙（Jamie Dimon），在 2015 年 2 月发表的一封致股东的年度信中[2]就曾写道，“在一般市场上，流动性资金已经大量减少”，如果在时间有限的情况下，这种问题会更加严重，“因为投资者需要快速卖出变现，如果没有流动性就会造成价格差距，这样一来，恐慌情绪会加重，流动性缺乏将迅速蔓延——甚至在流动性最好的市场上也将如此。”

保诚资产管理公司的首席执行官戴维·亨特（David Hunt）也将流动性看成需要头等关注的问题，并称之为“大风险”，以及近期监管变化可能导致的“非预期后果之一”。[3]

人们这种对市场流动性充足产生的错觉会导致相关风险——实际上，叫它“妄想”似乎更贴切——这说的不仅仅是价格急剧变动造成的威胁以及市场的应变能力。周期性发作的流动性驱动的功能紊乱会破坏经济活动，造成对市场的长期损害——当严重的主权流动性危机风险转变为清偿能力危机时，也会出现类似情况。如果不用这么专业的经济术语来表述，我们可以这样说，市场对于“钱”的速度调整量的内生化的程度，导致央行政策有效性更容易受到市场风险偏好的影响。

正如前面提到的，央行对金融市场波动的抑制，引发了一场市场流动性的大狂欢，而其中对于流动性的恐慌情绪也已经越来越浓厚，颇有见地的经济学家鲁里埃尔·鲁比尼（Nouriel Roubini）称之为“流动性悖论”。这些时期的流动性压力令人胆战心惊，以致央行不得不进行更多的干预，这再次说明这些强大的机构并不想造成金融市场的明显波动。它们被迫仓促发表支持市场的声明以抚慰人心，在某些情况下，也是为了采取后续行动。最后，这种紊乱错位的情况只是昙花一现，没有引发进一步的动荡和混乱。[4]

市场波动性指数，通常也被称为市场“恐惧指数”，在峰值过后，迅速回落到一个异常的低值（见图10），这让一些我极为尊敬的学者纷纷去推特上面表达疑问说，这个“恐惧指数”是不是应该改名叫“自满指数”或者“傲慢指数”。[5]

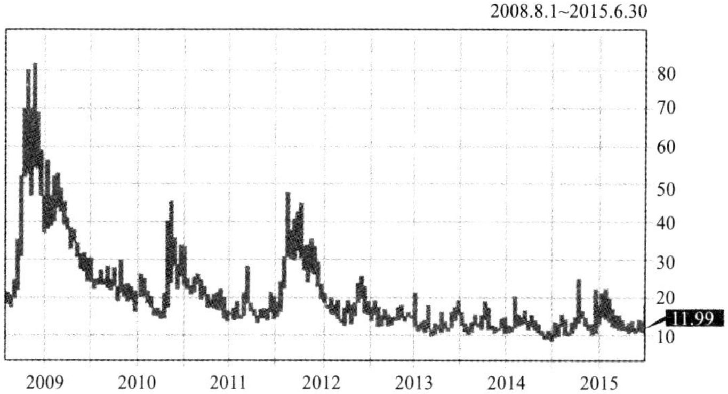

图10 市场波动性指数

数据来源：汤森路透

对于央行的额外干预行为，市场恢复的速度越快，对投资者来说，对流动性问题的顾虑就越小，就越敢在历史补偿不足的问题上冒更大的风险。但如果其目的不是为了做出相应的结构性变化，他们关注的中心就不会是全球经济和金融稳定。

过去几年中，市场中介的组织结构发生了根本性转变，即市场在不同参与者之间进行库存移动的体制发生了改变。最值得注意的是，市场庄家的规模和他们对于资产负债表风险的承担意愿，与他们服务的客户比起来已经大大缩小了（见图 11）。

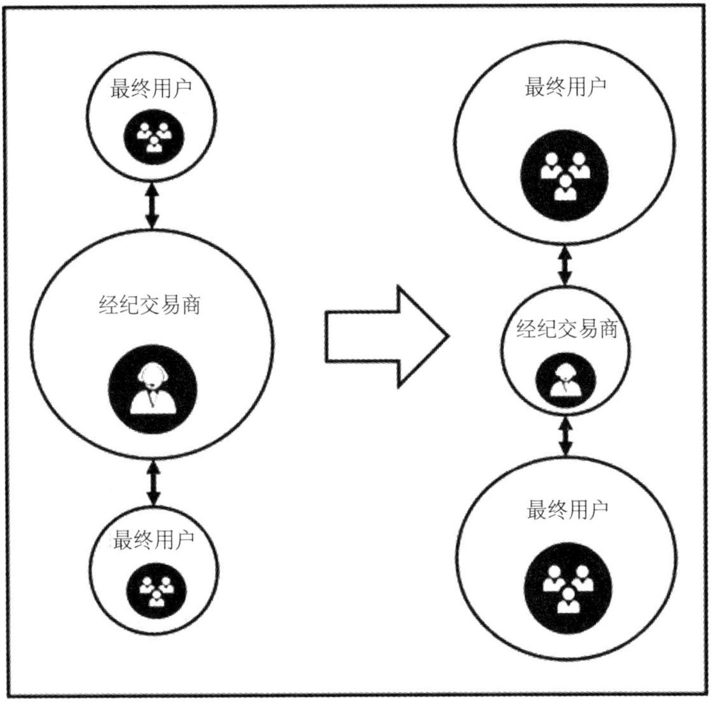

图 11　中介机构与最终用户

在来自期望降低金融风险以避免 2008 年全球金融危机重演的监管者，以及不再积极地尝试反周期的冒险行为的股东们的双重压力之下，经纪交易商们越来越不愿意进行大宗交易。

这样一来，作为既定市场体系的核心及润滑剂的中介能力发生了严重缩水。而对于已入行者们来说，情况却并非如此。在过去几年里，最终用户的规模和复杂程度都有了显著增长，他们是资产管理者、对冲基金、养老金、保险公司或主权财富基金。然而，由于中介规模的不断缩小，这些最终用户之间实际上已经自己签了合同。

这一日益失衡的后果又被两个因素进一步放大了：某些缺乏内在深度的资产类别（比如新兴市场企业债券和高收益债券），以及许多投资者都相信的、会一直以一个合理价格具有高流动性的产品（交易所交易基金和通胀保护债券都属于这种）。

首先，只有中间圈用户能够进入央行的融资窗口，外圈的最终用户是不可以的。所以，当巨大的流量给非常狭窄的中介管道造成过大的压力时，还没有一个简单的办法来缓解这种压力。

其次，虽然为了减轻压力，也曾尝试给最终用户之间建立通道——其中最具代表性的莫过于全球最大的资产管理公司贝莱德——但结果通常都是令人失望的。对于最终用户来说，在实际操作中，他们很难去无视身边那么多接踵而来的经纪人。此外，这些最终用户（在业内被称为“买方”）除了不信任经纪人（“卖方”）之外，考虑到资产管理公司之间的激烈竞争，他们往往更担心信息相互泄露的问题。

独立交易确实释放了一些压力，但这还远远不够。相应地，现有结构中还没有释放阀门去应付具有规模和速度前提的交易需求。实际上，经纪交易商的行为越来越具有周期性——也就是说，他们加入了买方群体——而不是以反周期性的方式来使用资产负债表。对那些坚持使用风险价值模型来管理资产负债表风险的人来说，情况更是如此。资产负债表的风险会使市场非流动性增加，而波动性又会增加适度风险，迫使出现相应的去杠杆化行为。

说这些的意思就是，我相信，全球金融系统正面临着系统性的、具有潜在危险的、被低估的流动性风险。而这个问题因其特殊的结构基础，应对起来十分困难。

第十七章
弥合资本与基本面之间的鸿沟

金融繁荣洒下的都是虚幻财富的仙尘。

——国际清算银行——

问题 9：不确定性和流行性似乎并没有扰乱金融市场，而金融市场的运行波动性数值低得异乎寻常，最低值的纪录不断被刷新。金融的高风险和经济的低风险之间的差距从未如此之大。

在经济、金融、体制、地缘政治、政治和社会的不确定性面前，你会愿意期待更高的金融市场波动。然而，2011~2015年，即使按照最普遍的衡量方法来看，也并没有出现这样的情况；相反，波动性一直异常走低，极少数情况下偶尔出现几次尖峰，这也恰恰证明了尖峰具有暂时性和可逆性。

这次危机后的波动状态不禁让人想起英国希登（Hildon）公司对购买矿泉水的人使用的两个词——“依然愉快”和“轻轻闪烁”。这种经营环境吸引了很多市场参与者，让我回想起约翰·梅纳德·凯恩斯（John Maynard Keynes）观察到的羊群效应是如何控制这个市场的。毕竟，“世俗的智慧教导我们，不遵循惯例获得的成功还不如常规性的失败来得对名声好。”羊群效应持续时间越久，海曼·明斯基（Hyman Minsky）提出的假设就越合理——也就是说，会带来“稳定性”的风险被证明都只是暂时的，“不稳定性”正在背地里暗暗滋生。

如果要解释这个异常波动行为，需要把几个因素组合起来看——从陷入低水平均衡的经济增长，到一心追求利息收入以及其他可以获得丰厚回报投资方式的投资者——那些可以抵挡住任何一轮有意义的下调行为同时无视资产价格上升的投资方式。其造成的结果就是活在当下，弱化人为特质以及发生社会严重混乱的风险。

这个特殊时刻已经由两个巨大的现金喷射器支撑起来了：央行及大型公司持有的异常大量的现金余额的发展。

央行的坚定努力以及对金融资产不容置疑的影响力，已经转换为在“经济的坏消息就是市场的好消息”这句口号之下的市场运作。

令人失望的经济新闻并没有导致投资者对基本面评估的下调（不过话说回来，什么才算是公允的金融价值呢？），而是被解释为暗示着央行将会更努力地致力于抑制波动、人为推高资产价格，以及通过让人们“觉得自己变得有钱了”，让他们进行更多的消费（也包括引导企业去投资以扩大生产规模）。一路上小麻烦不断而且无法避免，市场早已习惯了寄希望于央行，指望央行可以成功解决所有的问题。

公司现金虽然数量没有那么庞大，但也起到了类似的作用。

各个公司在经历过全球金融危机的猛烈打击和惊吓之后——其中包括信贷和营运资金的暂时中断，它们吃一堑长一智，危机过后，手里慢慢积攒了数目可观的现金。起初，对于如何使用这笔钱它们还犹豫不决，然而，这些钱放在资产负债表上的时间越久，特别是利息也少得可怜时，公司管理层和董事会面临的压力就越大——要么分给股东，要么用来回购股份或者增加分红，还有一部分最后用在了防御性并购上，所有这些都曾经为推高金融资产价格出过一份力。

正如我们之前指出的那样，这些因素的影响范围实在太广泛了，甚至覆盖到了资产类别之间的历史关系。债券、商品、股票或外汇，这些完全不同的金融工具越来越倾向于以极其不寻常的方式组合在一起，而不是遵循在证券的基本属性保证下的一个长期既定历史模式。实际上，各位只需要看看下面这个发生在 2014 年的例子就能明白了。

2014 年全年，美国的投资者在股票上获得了 14%的丰厚回报（由标准普尔指数衡量），同时他们持有的极端安全政府债券也赚了不少钱（10 年期国债收益下跌约 80 个基点，30 年期的长期债券下跌了约 100 个基点）。从历史分析的角度来看，这种情况很不寻常：无风险的政府债券是不应该和高风险股票同时涨价的，而且是双双大幅上涨。

为了放大这个协方差异常的现象，伴随股票价格上涨的是大宗商品价格的暴跌，而非上涨。一年内，大宗商品价格下跌了 18%（由汤森路透商品指数衡量），它受供应范式的变化影响（稍后会详细说明）。再强调一遍，这种情况是不应该发生的。在传统观念中，当股价飙升时，大宗商品的价格表现往往也会很好。

要记住，这些都是具有高度流动性的市场，每天发生着大量的买卖行为。然而其中一个（股票）暗示着好的经济新闻，而其他两个（债券和大宗商品）闪烁着警告的黄灯（如果不是红色），为经济和金融风险承担者们提示着前方道路的状况。

经验丰富的投资老手们追求的是更加精细的市场差异化，

而这些相关故障对此产生了破坏，进而扭曲了市场信号，加剧了资源配置失衡的威胁。再说一遍，广泛的冒险行为已经远远超出了基本面所能保证的水平，于是又出现了政府和央行在金融危机过后都期望彻底摆脱的进退两难的局面：一边是对过度冒险行为的容忍，将导致未来普遍的金融混乱情况的复现，这反过来会破坏实体经济；而另一边是准备好投入巨资进行救市，再次出手拯救金融业的罪人们。

我觉得央行对这些消息根本不会觉得惊讶。毕竟，它们作为最牛的政策博弈机构之一，运用各种迟钝的工具搞砸了手头的任务，出现这样的后果也并非有意而为。

我还猜想，一些央行真的会认为这是一个值得考虑的赌注——会下注的原因在于，它们寄希望于人为推高价格能够促进经济活动，并且使经济发展模型从人工诱导型增长转变为真正的扩张。在它们理想的情景中，经济的冒险行为能够赶上并且验证金融的冒险行为，央行可以共同致力于让难以捉摸的货币政策“正常化”。

在这种（公认的理想状态）情况下，如果风险资产具有坚实基础，由于政策制度的改变造成的最初波动会很快让位于基础稳定性。未来也不再需要对金融资产价格进行混乱的修正。

另一个更可怕的选择的意思是，不断增加的政策无效性导致更高的波动率。真正的增长已成旧事，金融冒险行为也将无法被基本面验证。即使央行愿意，它们也无力再应对经济、金融、地缘政治、制度、政治等社会因素产生的日积月累的不利影响。在这样一个世界里，它们将会面对各种评判和指责，比如不负责任地操纵资产价格以及多年来对主要资源的错误配置等。

2014 年 5 月，耶伦主席在美国参众两院联合经济委员会发表演讲时回答了几个问题，在这之后，她意识到她和她联邦公开市场委员会的同事们“有可能影响了股市”。但是，她坚决否认他们“刺激”了股票市场，她说：“我不赞成这项刺激股市的条款。”[1] 对于货币政策试图故意干涉资产价格的做法，其他央行则表现得更为开放。

2015 年年初，查尔斯 · 普罗索指出：“我想说的事情之一，就是‘看’。如果我们相信，货币政策正在做的就是我们说的那些事情，比如令人沮丧的实际利率、刺激经济，而我们在某种意义上正在扭曲着原本正常的市场结果，那么我们必须停止这么做。”再联系到未来金融不稳定风险，他继续说：“某些时候，压力确实会变得很大，市场力量将会把我们彻底压垮，我们就再也坚持不下去了。当市场意识到央行不能永远这样下去的时候，你就会看到保险费的迅速反弹回升，这一切都会导致市场波动，造成破坏。”[2]

无论你把央行这种试图加强经济增长的做法称为“刺激”或是别的什么，反正这么多年来它就是这么做的。这也反映出了它们掌握的应对工具的数量实在屈指可数，也暴露出央行一直在自行其是的事实。如果不去承担起自己可能最后变成破坏和动荡始作俑者的风险，这条道路很难改变。

2014 年 12 月，在联邦公开市场委员会政策会议筹备会的演讲中，美联储官员们在表述央行的前瞻性政策引导时，在遣词用句上做了一些调整，特别是弃用了“相当长时间”这个短语。事实上，许多经验丰富的市场人士认为，和 15 个月前的“缩减恐慌”造成的后果一样，“语言恐慌”出现的概率实际上很小。

但是，不知道出于什么原因，联邦公开市场委员会——从反对者的数量来看，这个决定出台绝非易事——的官员们选择了一个新措辞来表述美联储“耐心”的概念，用来匹配之前描述超低利率时所使用的“相当长时间”这个短语。这个策略让人不禁回想起 2013 年 9 月，当完成缩减第三轮量化宽松政策的市场准备工作之后，美联储回应说绝不会这么做的。

对于一个已经想方设法不去给市场带来多余意外情况的央行来说，这两件事情是很令人费解的，特别是在美联储试图压制住所有风险因素的时候更是如此。然而，总有一些内部和外部的因素在牵扯着央行，让它们不要走上偏离正途太远的歧路。当现状和环境变化困扰着决策者们的时候，央行就会继续进行更深入的政策领域的实验，也就会一再面对这个进退维谷的困境。

每当有疑问出现的时候，央行就会再确认一次，市场就会发展得更稳健，不用说，在这两件事情上，市场都做出了相似的回应：蓬勃地发展起来。

2014 年 12 月的事件揭示了美联储和市场之间互相依赖的关系。尽管石油价格暴跌，美国股市仍然取得了有史以来两天中的最高涨幅，而世界上其他地方的情况则是：俄罗斯发生货币危机，中国和欧洲的增速低于预期——这反而再次强调了投资者对央行的信心，能够带给央行莫大的自信，甚至可以摆脱对决定着全球经济发展和企业收入的基本面的影响更为直接的发展模式。

所有这一切要表达的意思就是，央行使用资产价格和基本面实现脱钩的能力。随着交易相关工作的顺利进行——毕竟这么多年来，在投资者中间流传的一句咒语就是“千万别和美联储对着干”——对于美联储在不考虑资产价格水平情况下做出的意外刺激性决定，投资者们已经习惯于做出合适的回应了。

整体来说，投资者们从央行那里还是分到了极大的利益，但也并不是所有人都喜出望外，特别是一些对冲基金经理已经直言不讳地表达了自己的郁闷之情。他们的言论声音很大，央行被迫做出回应 。时任达拉斯联储主席的理查德·费希尔（Richard Fisher）说：“大资金的确会自己组织起来，在这一点上它们和野猪有点儿像。”在回忆 1992 年——身为亿万富翁的对冲基金经理乔治·索罗斯（George Soros）和英格兰银行之间那场史诗般的战役之后，他补充道：“我觉得没人是美联储的对手。”[3]

对冲基金响亮持久的抗议声反映出在深受央行影响（它们的压迫 、操纵和扭曲）的市场中进行投资活动之艰难。当价格和关联度的变化不再遵循已有的分析和历史模型时，这种情况会带来令人沮丧的“结构突变”，破坏投资者们多年来好不容易积累下来的、用起来得心应手的模式、经验以及心态。

它还促使许多管理者疯狂地把央行也拉入市场活动中，央行不再只是裁判的角色，同时也成了竞争对手 ——拥有更多、更优质的信息来源以及媒体发布渠道。不仅如此，只要“裁判”乐意，还可以任意修改规则。

拥有“永久资本”和几乎不受限制的高弹性的资产负债表，使得各国央行能够撑得住“赔钱交易”的时间比大部分对冲基金的资金都要长得多。毕竟，它们不是市场里的商业玩家。因此，市场的错误定价和资产类别间不合理的关联可以很轻易地拖垮大多数对冲基金的耐心。[4]意识到这一点后，一些很有名的对冲基金经理甚至决定金盆洗手，关闭基金——至少现在暂时是这样。

当然，这场战争的导火索是对正确目标的两种不同认知。终端投资者，包括养老基金和大学捐赠基金，出于对对冲基金经理的信任，把资金交给了他们，因为理解他们的信托责任是追求利润。而央行并非如此，对央行而言，盈利的市场结果并不是最终的目的，只是实现宏观经济目标的一个过程，保持经济增长和价格稳定才是目的。

当然，还是有一个限制存在的，超过这个限制，会发生极其不合理的事情，即高度提升的资产价格会脱离反应迟缓的基本面。离这个限制距离越近——我相信我们现在已经离得不远了——经济真正增长就越难以捉摸，随之而来的价格的破坏性崩溃的风险就越大；价格高出基本面保证下的标准越多，就越容易发生金融动荡，造成对基本面的破坏。

迈克尔·弗洛利（Michael Feroli，之前就职于美联储，现在就职于摩根大通）、阿尼尔·卡什雅普（Anil Kashyap，就职于芝加哥大学）、克米特·舍恩霍尔茨（Kermit Schoenholtz，就职于纽约大学）以及申铉松（Hyun Song Shin，就职于普林斯顿大学和国际清算银行）等经济学家的研究成果也为这种忧虑提供了学术上的支持。

2014年2月，在美国纽约举行了货币政策论坛，包括央行在内的参会者众多，央行和其他与会者一起共同发出了警告：“在用更多挑战换取现在的更大刺激和未来破坏性政策退出之间权衡”。这是为什么？因为他们的“分析表明，非常规货币政策，包括量化宽松和前瞻性指引，通过鼓励某些形式的冒险行为导致了风险”。[5]

国际清算银行也表达了类似的担忧，其忧虑点不仅仅在于异常的低利率和央行操作的特殊大规模资产负债表。在2014年3月发布的国际清算银行季度回顾中，安德鲁·菲拉尔多（Andrew Filardo）和鲍里斯·霍夫曼（Boris Hofmann）警告说：“如果金融市场仅仅只关注央行前瞻性指引的某些方面，对于指引的更广泛解释或者调整很可能导致破坏性的市场反应。”[6]就在当月，在回应前瞻性指引的变化时，美国明尼苏达联邦储备银行总裁纳拉亚纳·柯薛拉柯塔（Narayana Kocherlakota）曾公开感叹说这种方式不仅会损害央行的信誉，而且会破坏经济复苏。[7]

这也是美联储前官员杰里米·斯坦（Jeremy Stein）多次

提起的问题，主要集中在2014年5月他在纽约大学发表的演讲中。

杰里米让美联储对金融市场有了全面了解——我称之为“以有效市场文献和行为金融理论的视角去理解市场实践和理论经济评估”[8]——他指出了三个相互之间有着复杂联系的现实情况：“事实之一，市场不是一个单独的个人；事实之二，委员会也不是一个单独的个人；事实之三，市场和委员会之间有着微妙的相互作用。”因此，风险是始终存在的，“对市场波动性的过度管理加上我们之间的交流，最后很可能弄巧成拙。”[9]

政策方针的固有风险导致了金融资产价格和基本面严重脱节，承认这一点之后，长期依赖于非常规货币政策的拥护者们指出了三点潜在的缓解因素：一是经济腾飞（也被称为要达到“逃逸速度”），经济快速增长将会证明人为推高的资产价格曾经是什么；二是有效的“宏观审慎”措施能够化解过度冒险行为的影响；三是如果前两者都失败了，一个强大的金融体系结构和新的工具可对付金融危机，同时还不会对实体经济造成危害。

耶伦主席在多次讲话中也谈到过这些问题，包括2014年7月在国际货币基金组织的一次发言。当时，在和国际货币基金组织总裁克里斯蒂娜·拉加德的一次气氛愉快的交谈中，耶伦承认，低利率“提高了金融市场参与者们逐利和冒险的积极性”，她还补充说，“就因为这种冒险行为太过火了，才会导致金融体系脆弱不堪”。[10]

话虽如此，耶伦主席不断重申的一个官方部门的坚定观点是：持久而强劲的经济复苏可以缓解大部分关注泡沫市场的人的焦虑，而不是要求改变货币政策立场；对于其他那些人的忧虑情绪，可以运用更加稳健的宏观审慎措施来解决。

耶伦主席还指出，构成抵御金融过度行为“主防线”的应该是宏观审慎的政策措施，而非货币政策——虽然她不会主张“当金融过度行为发展时，绝对不会采取货币政策来应对”。毕竟，宏观审慎措施“有其局限性”，因此，她主张的是保持货币政策“在组合中的活跃度”，即使“不作为第一道防线”。[11]

毫无疑问，加强“宏观审慎”措施取得了进展。实际上，只需要看看斯坦利·菲舍尔副主席在2014年7月的演讲中列出的成绩单就能明白了——其中说明了美联储的进一步行动对全球性协调措施的补充程度。[12]

然而，有效性的整体水平到底如何还没有衡量出来，更不用说测试了，而那些对有效性的希望都要面对不断增长的挑战，适度增长回归所需时间越久，对央行的依赖性就越大。事实上，杰里米·斯坦在2014年2月的演讲中指出：“我们现有的这些监管工具虽然有用，但还远远不够完美。”[13] 而同样于事无补的是，正如前面提到的，金融风险具有迁移性和变形性。

海梅·卡鲁阿纳在2014年12月的讲话中也表达了类似看法，他说：“我们现在认为，相关的政策需要尽心尽力地发挥作用，但事实是，我们对它们之间的相互作用知之甚少。”卡鲁阿纳指出，特别是在审慎的宏观政策和货币政策的作用下，情况变得更加复杂，近几年的事实就是如此，“衡量宏观审慎政策的有效性是另外一个巨大的挑战，特别是当使用了不止一个工具的时候。”[14]

对此，国际货币基金组织也做出了重要提醒，有趣的是，这个提醒是写在一份工作人员指导说明中的，包括利益和风险平衡以及如何考虑个别国家情况：“正因为宏观审慎政策是有效的，所以它需要比银行更具有前瞻性。”[15]

最后一个问题是，当时机成熟时，央行如何以一种平静有序的方式退出实验性政策。

2015年1月，瑞士央行取消了之前已经执行了3年的汇率下限——那时是为了使欧元区危机对瑞士的影响降到最小，瑞士的做法很好地说明了这个困难情况。这一完全出乎市场预料的举措引发了各种直接价格波动（包括货币50%的浮动以及股价10%的浮动），即使是发展中国家，发生这样的情况都是会引人注目的，更不用说像瑞士这种以稳定性和可预测性著称的老牌成熟经济体。

虽然强调了一些事情并且留下一些还没有答案的问题，但瑞士的坎坷退出之路预示我们将在本书下面两个部分中拿出更多篇幅去展开讨论，同时，这也是个应该值得忧虑的问题——也就是说，央行的命运正在慢慢滑落出它们自己的手心。

央行和别人的前瞻性行动关系更大，还是与自己的前瞻性行动关系更密切，历史最终将如何判定？此外，用体育界的一个比喻来说，央行的成就是否能用“难度系数”来衡量，我对此是持怀疑态度的。如果可以，那么它们应该会得高分吧。但是，包括政客在内，谁又能做出评判呢？他们更感兴趣的只是这些强权机构如何履行其日常职能吧！

第十八章
当一个坏社区里的好房子，很难

现在需要的是智能调节。

——马丁·沃尔夫[1]——

盲人骑瞎马，怎么能找得到路。

——萨哈·帕特奈克——

问题 10：所有这些，给管理较好的国家、区域和全球系统都增加了相当大的阻力。

想要在一个日益恶化的社区环境中维持某一栋房子的优质状态和经济亮点面临着的基本面阻力是一样的。亮点管理良好的经济体、表现杰出的企业、现金流充裕的公司和家庭以及转移型创新，它们的潜力有助于实现更高、包容性更强的全球增长；而现在，它们所处的环境，对它们的成长和经营都提出了巨大挑战。

考虑到企业界一直在犹豫是否要承担更大的经济风险——即使它们已经处在一个相当有利的位置，在并购领域发生了一些相当有教育意义的事情。

根据过去几年的特点，经济学教科书里预测将会出现全面并购热潮，即廉价和充足的资金，创纪录的企业盈利以及大量库存现金。然而，在现实世界中，自从金融危机之后，这种并购行为的升温实际上用了相当漫长的一段时间，而且这种行为的初始阶段都还是带有很强防御性质的，即公司都努力在巩固成本、减少竞争，而不是积极扩张。

金融危机结束后，各个公司都选择保留利润以建立现金储备，努力避免因为市场停滞而再次受创。但随着投资维权人士越来越多——就是善于运用各种工具给管理层和董事会施加巨大压力的金融投资者——通过回购和更高的股利支付，使资金回流到股东手里只是时间问题。虽然在某些情况下，也会出现更好的结果；但还有一些时候，它会迫使企业进行更精细化的管理来对付短期压力，而无暇顾及长期的商业利益。因此，“对于交易促进者和金融投资者这两个群体来说，由此产生的经济收益比金融收益要小得多”。[2]

与企业采取的这种相当谨慎的方式形成鲜明对比的是资本市场不断膨胀的冒险欲望——金融投资者们甘愿远离他们的自然栖息地，远离他们投资的“边缘地带”，放弃他们在分析、信息收集和研究方面的相对优势。

之所以会这样，原因有很多，理解它们非常重要。

首先，许多金融投资者认为，他们可以相对快速地放松自己的风险定位（像我们之前讨论过的流动性错觉一样，他们往往严重低估了相关的风险溢价）。相比之下，经济风险的承担者，比如公司，他们投资的实体工厂和设备都是很难放手的。他们雇用的劳动力需要培训，设备需要改装，他们必须对自己的前景更加充满信心才行。

其次，金融投资者们的投资领域更接近于活跃的央行触及的领域，毕竟，货币政策直接作用于资产价格，特别是当官员们在市场上购买证券的时候。但对经济投资者们来说，情况并非如此。他们必须去相信一种时间更久的政策传导机制——虽然近年来其效力远不能令人信服。对于他们，央行的资产价格操纵的能力还需要对提高经济活跃度进行更强有力的保证。

再次，实时评价以及相关激励结构发挥的作用。许多金融投资者每天、每周、每月都会接受业绩比较，因此，他们投资的基金被认为是高流动性的，而不进行投资或者投资没有回报的行为是被明令禁止的，特别是当其他人做得更好的时候。而经济风险承担者们的情况并非如此。他们以季度为时间单位进行评估，如果是私人经营者，考核周期也许会更长。他们在选择上的机会成本相对较低。

最后，经济风险承担者别无选择，只能更敏感地去应对潜在的监管变化。例如，通过改变预期净收益，企业税制改革可以改变项目未来的盈利能力。因此，关于未来的税制结构的不确定性就可以成为现在经济风险承担上的抑制因素。

出于以上所有原因——我觉得还有其他的——2008 年危机后的世界特点，就是金融市场冒险性太强，而涉及工厂设备和人工方面投资的经济风险承担性不足。对于公司来说，更重要的是，投入资金（或者能力）不是问题，有没有意愿（或欲望）才是问题。它们掌握资金的时间越久，通过股票回购和更高分红来配置资金的压力就越大——更强的股东积极主义的出现加剧了这一现象。

企业面对的向股东释放现金的压力与日俱增，2015 年 3 月，贝莱德集团（全世界最大的投资管理公司，管理超过 40 亿美元资产）董事长兼首席执行官拉里 · 芬克（Larry Fink）发表了一封致其他首席执行官的信，这封信的内容突出说明了这一点。

引用标准普尔评估数据，2014 年，在美国就有超过 9 000 亿美元的派息和股票回购，信中承认公司面临“商业生态系统已经有了明显的变化，对那些专注于抵御市场短期压力的公司提出了一个巨大的挑战”。与此同时，根据标准普尔的预期，未来股息和股票回购数量将会进一步增加。具体而言，在过去4年中，股息预计将保持两位数的增长，回购率也会实现同样的增长率。[3]

拉里·芬克非常正确地指出，公司压力来自很多方面，包括:“越来越多的维权股东寻求即时回报，不断增加的资本流通速度，7×24小时不间断的新闻报道，不断缩小的注意力持续时间，以及不鼓励真正长期投资的公共政策。”

尽管问题棘手，拉里·芬克仍然敦促企业领导要去尽力扭转“创新领域、技术数量的劳动力以及必要资本支出需要方面的投资不足的情况，以维持长期增长”，并把这些定义为“企业领导对企业及其长期所有者的关心义务和忠诚义务”，他敦促他们“扛住来自短期股东的压力，这些人只想榨取公司价值，这会使长期所有者的利益受损”。他还强调说，这些公司能够获得贝莱德提供的大量资金支持。

这一切的总体结果是阻碍了全球经济的上涨潜力，即偏好于短期资金配置行为的股东积极性扰乱了大企业囤积现金的行为，而这是一个具有多个维度的私营部门的问题。

有许多优秀的企业和大批管理优良的公司和政府。以我 30 多年从事学术和专业领域的观察视角来看，公司和银行现在的资本化进程比以往都要活跃。实际上，如果这个还不够让你为上涨潜力而兴奋起来，我就再说一点：真正转变的创新，在于能源领域、互联网接入、计算机运算能力、信息收集以及看似永无止境的字符串的想象性应用。

如今，个人可以掌握移动性生产力工具，这在不久之前还被认为是无法想象的事情。敏捷创新者们可以利用来自“另一个世界”的核心竞争力做出惊人的成就。

从农耕手作，到更好的作物轮作，再到生产资本运用上的有效定制，这是一个特别重视生产力使用的世界，也是一个推动及时价格发现和技术跨越的世界。它提高了“赢家通吃”的倾向，也离不开快速变化的消费行为以及生活中更强烈的自我导向需要。

这种现象非常有利于像空中食宿和优步这样的公司提高消费者的服务体验，而长久以来，这样的服务一直被认为是过于昂贵或者体验不佳的。它们之所以能够成功，依赖于强大的技术、各种移动终端以及优秀的用户界面。

想想看，空中食宿是一个“酒店”房间的主要供应商，然而该公司甚至连一座大楼都没有；优步在世界各地的城市大举扩张，占领越来越多的城市交通系统，然而它无须购买一辆出租车或豪华轿车。

我们生活的时代正经历着激动人心的变革，鼓励产品方向从狭窄定位转变为更全面的解决方案，提供给企业更高的奖励以及政府随时随地的高效反应能力，满足了个人对更频繁、更广泛参与其中的需要。

到目前为止，这种颠覆性创新带来的影响还仅仅出现在某些优秀新公司的范围内，这些公司能够充分配置现有资产，在特定行业中掀起革新热潮。但是，正如我们很快就会看到的，这种影响很快就会扩散开来，更广泛的经济格局变革即将出现。

计算机被发明出来后，它彻底改变了技术产业，从根本上改变了工作场所，改变了我们日常生活的方式。同样深刻的变革也即将发生。

然而，虽然潜在收益的规模和范围巨大，但社会作为一个整体，也面临着阻碍长期经济风险承担以及限制个体权利的风险。

新型增长驱动力面临着令人沮丧（但可以避免）的阻力，它使央行的信誉和有效性进一步遭到了破坏。要记住，支撑政策选择的是预期（我称之为希望），尽管政府推动更有利的生产环境变更的尝试一再失败，但只要预期存在，增长形式很快就可以再度重现，未来金融波动的风险也能够得到化解并进行有效管理，减少不平等局面，恢复机构公信力，消除政治障碍，缓解社会紧张局势。

所有这些都是本书剩余部分将要论述的焦点。对前景保持开发心态，以跨界的方法来指导“异常不确定”的前景，并且认识到全球之间的互相联系。

THE ONLY GAME

IN TOWN

第四部分

前进的理想方式

你没必要看到整个楼梯，你只需要迈出第一步。

——马丁·路德·金——

THE ONLY GAME

IN TOWN

第十九章
解决十大挑战

缺少工具的央行

我们常常听到这样的说法：正因为央行印制钞票，才会导致恶性通货膨胀。这样的话说多了，人们都觉得事实就是如此。这种简短的叙述，正是人们产生错误记忆的源头。

——詹姆斯·蒙蒂尔——

当前和未来几代人的幸福感，取决于上述10个问题是否能够成功解决。到现在为止，我对此仍然表示怀疑，但我希望至少全世界每个主要央行都能够对这些问题引起注意。如果有工具，央行就能够在意识到危险之后更高效地解决问题。我甚至会冒昧地说一句，如果有工具，央行即使最初还无法识别所有必要的应对措施及后果，但它们依然会愿意踏上复兴的政策之路。

我还怀疑，央行是否认同时间才是成败的关键。这些问题持续的时间越长，它们在全球经济中就越根深蒂固，会形成不利的反馈循环，因此，制定解决方案就变得越困难。我们等待的时间越长，成功的希望越渺茫。

利己主义在这里也起到了重要作用。“唯一玩家”是指央行特别容易受到政治上对抗的影响，导致经济疲态的持续和金融不稳定的回归。当今世界，非常规货币政策会改变金融服务的配置，积极地向一部分人征税以补贴其他人，大张旗鼓地干涉公共部门机构在金融市场定价以及由此产生的资源分配行为。央行已经不再只是扮演裁判的角色，而是广泛参与到许多领域的活动中。

美国已经进行过很多次立法尝试，希望能让美联储接受更为严格的监督、审计以及问责制，但迄今为止无一成功。如果这些尝试可以实际落地执行，将大大削减这些机构的经营自主性以及政策应对能力。而政策管理的另一个重要组成部分是过度约束，央行在应对其经济和金融福利方面挑战的能力也将受到限制。相当于一个拳手上了赛场，双手却被绑在背后。

在大西洋对岸，经济表现不佳和希腊经济危机给欧洲国家带来了显而易见且日益严峻的困扰。以德国为例，政治家们越来越感到，欧洲央行对政府在拖延改革而且超支倾向上的支持有些太过分了；他们也不喜欢欧洲央行被认为是紧跟美联储的脚步，对储户征税以补贴借款人。作为固定储户，他们抱怨人为压制利率正在破坏那些提供长期金融服务的机构，比如人寿保险或者退休金。

在货币机构内部也出现了质疑之声。已经有一些“鹰派”的央行家们在大西洋两岸都公开表示了对机构使命偏离的担忧。对他们来说，问题不仅仅在于央行不得不冒险涉足实验性政策空间的程度，还在于央行超越其传统的政策权限，开始承担过多责任。

2015 年 3 月，费城联储主席查尔斯 · 普罗索宣布辞职，辞职前夕，他表示很担心“对机构的长期影响，我的批评观点是，我们已经把边界变成了财政费而不是货币政策……我们的独立性去哪儿了？我们高效的办事能力去哪儿了？”[1] 其他人，包括一些已知的具有鹰派倾向的人，都表达过类似看法。

圣路易斯联储主席詹姆斯 · 布拉德（James Bullard）2015 年 3 月 23 日在伦敦对人为低利率造成的破坏性的金融泡沫提出了警告：“在这种环境下，零利率实在太低了。”[2] 他还特别强调美联储副主席斯坦利 · 菲舍尔曾经几次说起过的一件事情——实际上，就在那周举行的纽约经济俱乐部上，斯坦利才又再次谈到过——斯坦利警告说，零利率是需要纠正的异象，否则市场的行为就是不明智的。[3]

然而，这些都无法动摇央行“唯一玩家”的地位——甚至央行对这些都习以为常了，它们对此的态度比对金融市场的预期影响更为温和。先来看看2015年1月，欧洲央行是如何选择比市场普遍预期规模更大、更开放的大规模资产收购计划的，考虑到政策措施和理事会的划分设置的争议性，这种选择让很多人目瞪口呆。再看看，在2015年3月的政策声明中删除“耐心”一词后，美联储如何费尽心机地去提醒市场这并不代表着它们将会变得不耐烦。

任何时候，央行都错误地选择短期谨慎，几乎不考虑长期后果。这种情况短时期内也不会得到改变。事实上，当央行着手废除所有的特殊货币刺激政策时——考虑到美国经济复苏的高级阶段，美联储即将领导这一进程——将会出现我称之为现代央行史上“最宽松的收紧”的结果。

无论从哪个角度看都不该质疑央行的动机，它们也希望能够保持目前的均衡状态，直到重振增长使得本书前面说到的十大问题得到解决。但是，央行也很清楚，这些不只是它们自身的问题——全球系统是作为一个整体在运作的。央行的动机和意愿迟早都会被人们理解，无论有多强大，或许还不足以带来有效的理想结果。

需要强调的是，央行面临的根本问题是影响系统性和持久性变化的能力。这里有着严重的不确定性。想要理解为什么，我们只需要更深入地了解之前介绍过的四套必要措施——有助于增长的结构性改革，更好的结构和总需求水平，债务负担的解除，在实现欧洲区域一体化项目上的进展。在对分析法进行简要说明之后，我们将回来详细讨论这些问题。

第二十章
大政策设计的简化方式

教授，那样不是挺好吗？用一个简单优雅的方程式解释一切。

——电影《超弦理论》——

首先，全球经济面临的十大挑战是巨大的，但并不是压倒性的。[1]然而它们相互作用的方式，可能会给经济、社会和政治稳定带来巨大而持久的破坏，增加政策全面瘫痪的风险。为了管理这种风险，政策制定者和决策者们，包括在家庭和企业中，自然而然地都会倾向于制定一个理论上的全面的解决清单。

这么详尽的解决方案当然很吸引人，但在当前的政治环境中，哪怕最简单的协议或行动都会备受阻碍，想要实施这么一长串的政治措施又谈何容易。现在真正需要的是几个能够提供支点的政策——如果用战斗打比方的话，就是空中掩护——为中期规划调整的设计和实施提供成功的保证。毕竟，如果你要开始一段艰难的旅程，对目标没有一个清晰的概念是无法完成的。

为了帮助我们想清楚到底需要什么，我们将使用一个很巧妙的办法，经济学家在处理一些极其复杂的问题时也会用到这个方法——“简约型方程式”。这并非一个全面的解决方案，在使用这个方法的过程中，会面临分析瘫痪的风险。简约型方程式面向的是更小的一套可操作变量。我们寻找的不是问题的每一个因素；相反，我们只是试图将足够的要素——也就是75%~90%的要素——都考虑进去，以找到一个既令人满意又可操作的解决方案。

为了应用这种方法，发达经济体迫切需要实施前文中提到的四大经济举措，尽管对这四项举措占有的确切权重人们还尚未达成一致。要想真正发挥作用，这些举措必须同时实施。此外，考虑到当今全球经济的结构性流动以及对新的增长模式的相关需求，贯彻这些政策也需要一个开放的心态——随时准备进行中途修正的心态。

我们来做一个简单的类比就清楚了。想象一下，一个病人从医院的重症监护室出院了，好消息是，她眼前的危险过去了，但是，离真正康复还差很远，她可以试着慢慢地走路，但还无法跑步。

医学和时间都会帮助病人康复，但仅仅依靠它们还远远不够，饮食不足、缺乏锻炼等因素都会影响彻底康复。除此之外，行为上的调整和改变也是必需的。

对于全球经济，特别是发达国家来说，情况也是如此。虽然时间会继续修复许多（不是全部）资产负债表，但不太可能为产生高增长提供充分证明，更不用说增强潜力了；虽然周期性反弹令很多人欢欣鼓舞，但如果没有长期包容性增长势头的出现，这种反弹也只会是令人沮丧的不足状态［这个观点是2015年2月在由詹森·弗曼（Jason Furman）领导的白宫经济顾问委员会提交给美国总统的经济咨文中提出的］。[2]

下面，就是应对全球经济面对的十大挑战的简约型方法的4个关键要素。

1. 开始认真对待包容性经济增长

综合解决方案的第一部分，就是要把拒绝金融工程作为增长战略，回归到经济繁荣的基本组成中。这需要无论是公共部门还是私营部门果断退出全球货币配置，过去10多年中，这些部门一直依赖于为了掩饰真实情况而注入流动性，对增长产生了机构性阻碍。这一点要想获得成功，必须依托整体环境，而在国家内部，以及政治极化和体制退化的情况下，收入不平等性正在日益严重，整体环境也因此变得更为复杂。

从教育体制改革到加强基础设施建设，从消除财政扭曲的反增长到提高劳动竞争力和灵活性，第一个政策组件包括了很多结构性改革，通常被归类为“供给侧措施”——也就是说，它们影响经济提供在国内消费、国际交易的商品和服务的能力。对这种政策的追求需要一个中期计划的支撑，而中期计划又要服从于年度回顾和调整。同时，它也需要社会各个阶层的持续沟通和广泛买入。

正如央行一直以来实施的更为狭隘的政策反应一样，这个方法需要政府今后进行一种程度罕见的实验，理由很简单：太复杂的分析方法和历史性的挑战，使得无法预知政策效果究竟如何。因此，各国政府——包括金融投资者和一些公司——需要克服目前程度过大的短期行为。

对于一些国家来说，如果经济体制不改革，这种观念转变就无法实现。它不仅涉及要打破既得利益者们的影响以及由官僚们的地盘之争带来的导致政策瘫痪的力量，还是关于现代化的经营方法，以及不断更新的数据、分析工具以及决策者更强的责任心，更是关于要逃离过度意识形态辩论的陷阱，充分释放在克服挑战时必须具备的魄力。如果没有这种魄力，那些迫切需要的政策举措——从更高的公共基础设施投资以及更具杠杆化的公私合作形式，到更重视人的生产力、劳动重组以及促生长的税制改革——将难以维持和进一步推广下去。下文中我们还会继续就这些问题展开具体论述。

究竟什么创造并维持了经济增长，这个错综复杂的问题也是纽约大学的迈克尔·斯宾塞（Michael Spence）教授一直以来思考的问题，迈克尔教授是当今最有见地的思想家之一、2001 年诺贝尔经济学奖得主，也是多年来为我授业解惑的恩师。通过坚实的理论基础结合实证观察的研究，斯宾塞教授表明，对于任何给定的劳动、资本、自然资源，结构灵活性在促进经济复苏、帮助国家“适应长期的”技术变化和全球市场力量上发挥着重要作用。[3] 这种灵活性通常需要优秀的“政府素质”，因为其中不可避免地会涉及要消除对特定利益集团有利的经济僵化问题。

2. 匹配能力和消费意愿

对促增长结构改革的重新强调，需要配合解决消费意愿和消费能力之间不匹配的问题——这是第二个政策组成部分。否则，总需求量的长期不足将会阻碍消费以及企业在新工厂、设备和招聘方面的投资。

财政政策在这里扮演着关键的角色，也是时候打破掌控经济管理的关键工具的无力状态了——布朗大学的马克·布莱思（Mark Blyth）称之为“不能、不会、不应该”综合征。由于对旧有的超支习惯的关注，应对财政政策的政治方式已经简化为愚蠢且极端的讨论——以致像美国这样先进而成熟的国家，其国会连最基本的经济职能都无法履行，比如积极附和国家年度预算。如前所述，立法者们已经不得不把上一年的年度预算拿出来继续使用。

这不仅是关于再次反思引起过度僵化及紧缩的方法和心态，长期低估了财政负乘数效应的规模以及对更大的政策回应的需要——即财政削减所释放的经济活力导致了总需求量的不对等的大规模减少；也是关于要更积极地利用税收和支出措施，提高消费质量而不会过度影响对促进创新创业的激励。

举例来说，在美国，这包括堵塞税收漏洞以及各级税收豁免，对私募股权公司和对冲基金增加附带收益的税种，改革遗产税，简化住房抵押贷款补贴以及提高最高收入者的边际税率。这也涉及企业税制系统现代化这一决定性的步骤，此前的企业税制充斥着异常、扭曲和错位的激励，侵蚀着经济增长——包括通过鼓励公司多花钱进行“税收倒置”，就是说，为了在保持生产经营的同时进行地域转移和减轻税负而收购境外企业。这还涉及提高财政支出在促进生产力方面的影响以及更好地发挥人的潜能，包括之前提到的通过更加强调对投资、基础设施建设、教育改革以及健康的关注。

这些措施也会有助于缓和不平等“三连胜”带给经济繁荣的供需驱动力方面的更大挑战。通过帮助缓解收入的过度增长和财富的不平等，也就是三连胜的前两个方面，也可以阻止第三点同时也是最关键的一点继续恶化：给后代带来的机会上的不平等。

由于富裕家庭的支出在总收入中的占比要低于中低收入的家庭，收入增量越多，边际消费的增长就越低。这样一来，小幅增加最高边际税率会有助于缓解这个问题，在绝大多数情况下，这种做法也不会产生遏制作用。但考虑到社会的广泛接受度，加上其他个人和企业税收措施，这个举措的实施需要依靠一个可信承诺，即增量收入将用于那些有助于长期生产率增长的关键部门。

在运用现代化方法更好地处理国家优先事项方面还有很大的提升空间。尽管在分析研究上有进展，但继续扩大公私伙伴关系范围的进度仍然滞后。试想，一方面，用户基础设施投资的资金严重不足；另一方面，大量的长期资本又在寻找长期机会（主权财富基金、保险公司以及养老金）。考虑到一部分长期资本也在寻求有益的社会影响，使得这道鸿沟愈发显眼。然而，面对这个情况，本应为这种伙伴关系提供一个匹配菜单的政府却袖手旁观，尽管这样，从道路到城市停车设施，还是有一些令人鼓舞的经营实例可供参考。

在区域一级，特别是在欧元区内，这种需求不匹配的情况更为明显。像希腊这样的国家虽然有意愿，却没有消费能力；而像德国这样的国家，有消费能力却没有意愿。

在推进欧洲区域一体化财政部分的过程中，还需要付出很多努力去解决这个问题，避免希腊那样的人类灾难重现。但是，这里还有一个强烈的需求，即确保隐含的财政转移不会被浪费掉，特别是考虑到希腊的财政过度行为的前车之鉴，以及数据混乱的报告和问责机制的缺乏。在区域一级的范围内去实现这个要比在国家一级难度大得多。最起码它需要一系列早期就建立起来的信任措施，以告诉人们资金是用来支持而不是取代结构性改革的；同时还需要循证验证的过程。这两个挑战虽然都不是压倒性的，但都需要更大的互相信任以及对区域一体化的总体目标的积极坚持。希腊的惨况给我们做了生动的演示，分享对过去的共同理解以及对繁荣未来的共同愿景，这一点十分重要。

然后是更加难办的全球性不匹配的问题。其呈现模式就是国家的盈余和赤字，而且这种模式根深蒂固，很难改变。总之,《布雷顿森林协议》的缔造者最初的设想是以促进全球繁荣、减少双边紧张局势和放弃的机会的方式，对贸易顺差和逆差的经济体之间的不平衡性进行对称调整，而我们离这个目标还有很长一段路要走。

全球经济一直在致力于解决总需求水平缺乏可行性和可取性的问题。总会有人忍不住提出宏大的体系结构解决方案，但其中牵涉到太大的系统基础结构调整以及数量众多的多边机构，使得这些方案从一开始就不具备可行性。他们让这些国家和地区的解决方案看上去好像很容易——但实际情况远非如此。但这并不是说要放弃这个问题，毕竟，一个来自20国集团的明确的问题诊断确实可以为讨论清楚如何充分利用资金池进行部署带来一些进展；另外一个原因是，如果20国集团的成员们都能认真对待共同的努力，那么最好是设立一个小型常设秘书处，这样就能避免经历由于各国每年轮流担任主席和秘书长而造成的连续性的中断。

3. 消除债务负担

第三个政策组成部分涉及如何妥善处理剩下的那些过度和持续的债务，这些债务会耗尽生产力能量并阻碍新的投资。我们需要认识到，沉重的债务负担不只是阻挠着现有经济活力的潜力发挥——阻止新进入者给市场带来新鲜资本，这些资本对于经济实体来说，无异于生产呼吸的氧气。但是，如果新鲜空气无法抵抗陈腐有毒空气的压制，也毫无作用。事实上，如果任由它们自行其是，新鲜空气根本不会选择进来被污染。同样，新的投资也仅仅是选择避免成为生产力恢复过程的一部分而已。

理论上，有4种方式可以用来处理债务负担。最好的一种是通过经济的高速增长来实现，这种方式允许债务人（包括国家、公司或者家庭）在偿还现有债务的同时，还可以维持现有生活水平并且投资于未来。但是，由于放任情况恶化的时间已经太久，西方国家已经不具备做出这种选择的条件。相反，就像希腊那样的情况（尽管有些极端），过度负债的状态会使之慢慢陷入一个恶性循环，增长不足加重债务负担，而债务负担又会进一步破坏增长。更糟糕的是，流动性和偿债能力的问题会更紧密地纠缠在一起，变得更加难以解决。

第二种方式是通过人为低利率来实现对债权人征税以补贴债务人，央行一直以来强制实施的这种金融抑制机制有助于缓解债务压力。但是，这种策略要想取得决定性突破还需要相当长的时间。同时，它也会带来很大的间接损害以及非预期的后果，比如我们之前讨论过的扭曲的增长引擎。

处理债务负担的第三种方式就是单方面违约。这个办法已经被多次尝试过了，包括1998年的俄罗斯和2001年的阿根廷。但是，无论怎么说，这种方法都不能算是灵丹妙药。

单方面违约会造成无法避免的动荡和不利后果，这更增加了短期内面临的困难，严重限制了信贷的使用，导致贷款成本升高，减缓了新鲜资本的再次注入，使得风险溢价的费用更高——至少在最初阶段。除此之外，久而久之，它还会助长破坏负责任的经济管理的道德风险。

所有这些，催生出了第四种方式，即有序债务和减轻偿债负担（debt and debt service reduction，简称DDSR）。

在充分增长尚无法立即实现的情况下，需要利用有序债务和减轻偿债负担来处理债务负担，违约不还的破坏性太强，而已知的金融方式又远远不够。幸运的是，历史为我们提供了一个富有成效的方法，20世纪80年代末90年代初施行的“布雷迪计划”就是一个很好的例子。这也是我就职于国际货币基金组织时潜心研究的一个问题。

国际社会花了许多年时间为债台高筑的拉丁美洲国家安排公共和私人融资，好让这些国家能够偿还债权人的债务，不然的话，包括银行在内的诸多部门都将面临严重困难。而在这之后，国际社会又认识到，要想让北美洲大陆经济恢复正常增长的态势，需要采取更大胆的步骤。具体而言，就是要咬紧牙关减轻债务和偿债负担；否则，新资本就不会充分参与其中，有可能导致拉丁美洲延长其“失去的十年”的风险。

公共和私营机构（包括国际货币基金组织，它当时和一些拉丁美洲国家进行了许多积极的项目合作）共同开展的工作表明，私营部门的过度债务可以通过以市场为基础的解决方案来解决，也就是通过调和减轻债务负担的需要和债权人所受约束——比如会计和监管来解决。这通常涉及授予债务人削减现值的权利以及增加债权人按照剩余（虽然已经减少了）合同索赔的可能性之间的交换。各种酌情使用的附加物也增加了政策的效力，如国内生产总值就为未来偿债能力的增量部分提供了国家经济的恢复能力的保证。

一般来说，近年来，设计环节已经不是进行有序债务和减轻偿债负担的约束条件了。然而，考虑到小部分债权人持有全面协议的能力，第二部分哪怕实施及时，仍然有很多棘手的问题。在应对危机管理与危机预防的工具箱中，有序债务和减轻偿债负担的办法收效甚微，认识到这一点之后，官方机构（由国际货币基金组织牵头）一直致力于限制不合作的少数派进行无理阻挠，这也体现了债务人和多数债权人的共同意愿。[4]

债务和减轻偿债负担的公共因素主要包括财务豁免。1996年国际社会发起了“重债穷国”倡议[5]，即实施减轻重债穷国的债务负担的全面方针，同时针对促增长及扶贫去重新分配资源。在非洲的一些低收入国家，这个方法十分有效地释放了增长潜力。正因为如此，尽管面对巨大的经济及非经济困难，一些非洲国家这些年来始终保持着比许多发达国家及发展中国家更好的发展态势。

20世纪80年代中期，我刚刚进入国际货币基金组织工作，负责债务重组问题，那时候的传统关注点还是在填补国际收支平衡上，通常每年一次，有时候时间会稍微更久一点。但当拉丁美洲“失去的十年”的现实浮出水面之后，人们才逐渐认识到，过度债务的存在不仅是债务可持续性的一个分子，还决定着分母的命运（也就是，经济增长）。因此，人们关注的焦点转移到了对“债务可持续性”的分析上，包括如何处理遗留的持续债务问题。其中一些涉及债务存量，而另外一部分则是繁冗的条款，比如到期日、利率以及货币单位等。于是，为了解决过度负债问题，国际货币基金组织提供了一套全新的分析工具，但几乎没有考虑涉及的人口改革的力度，其结果是造成了财务可行性和债务可持续性上的加倍困难——它将过度债务负担强加到了经济增长上，阻碍了新的投资进入。于是，经济学界为调整实践方针打下了扎实的理论和操作基础。

现在，对于全面处理过度公共债务的经济重要性，有了一个更加广泛的协议。虽然并没有解决问题，但现在问题的政治性已经超越了理论性和操作性：第一，如何在不同群体的债权人之间分摊损失（不只是在公共和私营部门之间，还包括每个部门内部）。第二，对于资助他国的做法，债权国如何向本国的纳税人解释？第三，如果未来继续鼓励别人过度负债，这种做法会树立一个坏榜样，你要如何降低这种风险？

仍以希腊为例。欧洲伙伴国为希腊提供了数百亿欧元的贷款，利率极低并且支付到期日时间长。但是，由于顾虑到国民的反应以及会开此先例，这些国家拒绝彻底削减对希腊的债务。因此，希腊只能继续与令人窒息的债务重担苦苦抗争，问题变得更加深入而顽固，导致解决方案越来越昂贵。

看了欧元区的形势，发达国家都后悔没有借鉴新兴市场危机的历史教训，当答案还涉及结构上的和长期性的成分时，他们看重的仍然是周期性的解决方案；当股票还很重要的时候，他们看重的是流动性。哪怕是他们把应急流动资金拿去支持负债国家，甚至因此导致本国增长率低于预期，他们仍然回避谈论减少负债的问题。他们低估了经济表现长期疲软和金融不安全性对社会和政府的影响。

由此产生的不利后果是具有实质性影响的。卡门·莱因哈特（Carmen Reinhart）和肯尼思·罗格夫（Kenneth Rogoff）指出，因为发达经济体还不能同时使用其他选项，比如在 20 世纪 30 年代曾经使用过的债务重组或债务转换，“被遗忘的教训”对这些国家的经济造成了破坏。[6]

是时候做出一些改变了。

4. 进行正确的架构设计（至少不要错得太离谱）

A. 欧洲

最后，来说说区域和全球架构的问题。按照意大利总理马泰奥·伦齐（Matteo Renzi）所说的，欧盟的表现就像个“无聊的老阿姨”，未能将市场平静的恢复转化为更持久的经济状况。而不完整的区域架构大规模破坏了欧盟的想象力和决断性。

大多数人都认为，如果欧洲能够成功进行其历史性的经济一体化项目，政府将不得不更加努力地去完成这个“区域板凳”的四条腿。否则，这个世界上最大的经济体就永远无法实现长期繁荣和持久金融稳定。

目前看来，欧元区的这个板凳正用一条半腿站着。其中那条完整的腿是区域货币一体化，这条腿还是相当结实的，在欧洲央行的主持下，已经在维护地区金融凝聚力和货币与货币一体化上进行了出色的工作。

另外那半条腿是银行业联盟。由于发现在货币联盟内部存在着银行业分裂的风险，欧洲近几年来在建立更健全的银行体系方面取得了很大进展。2014 年，这一举措在欧洲央行的完全授权下得到了大力推动。但银行业联盟仍然不够完善，还需要在国家和地区的管辖权方面开展大量工作。

欠缺的第三条腿，是财政一体化，这也是在欧元区内外引发最激烈争论的问题。

关于究竟何谓财政一体化，仍然存在着意见分歧。对一些人来说，它是一系列的规则和惩罚，以保证各个国家都能遵守统一的预算纪律；对其他人来说，它是一个共同预算的原则，类似于美国的联邦制，促进转移，以及涉及承担连带责任的问题（即集体成员分别单独承担同一责任）。如果最终目标仍然是一个团结而强大的经济联盟，促进了政治、社会和制度实现更紧密一体化，那么后者的看法是正确的。

显然，这里在意识形态和操作上存在着巨大的差异。如果这个差距不能通过一个相互都可以接受且持久的方式梳理清楚，欧洲历史区域一体化项目的成功机会就会很渺茫。

政治一体化是欠缺的第四条腿，这也需要做更多的工作。

受2012年欧元区危机并几近崩溃的影响，欧元区和欧盟成员国都开始更加重视建立更强有力和反应更迅速的区域机构。然而，国家和地区各级之间的责任授权（向区域一级进行权力转移）由于受到国家政府意愿巨大变化的影响，经常变化不定。而且，前所未有的难民危机所带来的挑战已经扩大了这一缺陷。

许多区域性机构缺乏应对的灵活性。和欧元区今后的需求比起来，区域转移制度和一系列历史上的复杂的政治妥协做法关系更大。实际上，即便是最新这次（2015年）想要全盘审视整合动力的努力，最后也仅仅是提出了一个相当温和的建议。同时，英国计划就其是否继续成为欧盟成员国举行公投，[①]这又进一步放大了欧盟面临的威胁。除此之外，来自阿富汗、伊拉克、利比亚、索马里、叙利亚等国家的数以万计的难民，

① 2016年6月24日，英国就是否留在欧盟举行全民公投，投票结果显示支持“脱欧”的票数以微弱优势战胜“留欧”票数。——编者注

是欧盟要解决的另一个棘手问题。

接下来要解决的，就是如何调和欧元区和欧盟两条截然不同的发展轨迹的问题了。在绝大多数欧元区成员国的传统政党看来，他们已经走上了一条彻底整合之路。旅途中的坎坷当然也是当时条件下不可避免会出现的情况，其中就包括来自一些反对欧盟整合的政客们的反对之声，以及很多国家中反传统政党的出现；但是，最终目标还是很明确的。

但欧盟的情况并非如此。一些成员国，比如英国，更愿意把现有的情况作为一个稳定状态而不是一趟旅程。这些成员国更倾向于把欧盟看成一个自由贸易区，而不是更广泛的一体化目标。想要调和这两种不同的愿景，欧洲需要成为一个四条腿都坚实有力的板凳才行。

很多问题，归根结底都是信任的问题。失去信任，欧洲国家间的互相关联和彼此依靠的关系就会从优势变为劣势。你只需要看看德国和希腊之间针锋相对的紧张局势，或者难民危机如何造成了国家之间的分化，甚至导致了隔离性的边境限制，就会明白这种破坏性的威力了。

博弈论——对不同情景条件下的决策进行分析——为互信的需要提供了重要的见解。迈克尔·斯宾塞把这个方法告诉给我之后，当尝试以不合作的方式进行“合作博弈”时，问题就出现了。这本质上也是欧洲最终做过一遍又一遍的事情。

如果没有信任，单独某个国家很难向前发展，而验证和执行上的问题又会使这些困难更加复杂。只有各方都找到办法减少他们的信任赤字，这种情况才会有所好转。

B. 国际体系

如果觉得区域问题还不够复杂，可以把范围扩大到全球领域。

想要让全球经济真正发挥出其巨大潜力，需要一位更优秀的全球指挥家。如果缺乏足够的跨国家的政策协调，会阻碍国家级的更好的政策发挥有利影响。

如果把世界经济看成一支乐队，那么它是由许多部分组成的，包括铜管乐器、打击乐，弦乐、木管乐器等。每个乐器演奏出的乐曲都很动听，其中一些甚至出类拔萃。但如果它们不依照同一个乐谱演奏，或者没有一个出色的指挥，也无法演奏出连贯的乐章。

全球经济缺乏的就是这种共同的乐谱和指挥。

谁能解决这个问题？答案很明显，当然是国际货币基金组织——一个享有几乎所有会员资格、拥有相当多的专业知识和经验的机构。然而，正如我们前文讨论的，国际货币基金组织的成员国都不赞成改革，这限制了它发挥作用。该组织始终保持着相当封建的做法，慢慢吞噬了它的有效性、合法性以及信誉。

而“×国集团”（G’s）的组织形式似乎也并没有发挥多大的作用。

八国集团，包括 7 个西方国家以及 1998 年加入的俄罗斯，但俄罗斯的不可预测性阻碍了其作用的发挥，导致其在遵循国际行为准则上的失败。实际上，在俄罗斯吞并克里米亚以及在乌克兰东部的暴力行为升级之后，八国集团最初的构想已经被完全废弃了。

如果能回到原来七国集团的设置（包括加拿大、法国、德国、意大利、日本、英国和美国）情况可能会轻松一点，但当今世界局势错综复杂，它们的有限范围导致了终有力所不逮之处。成立于 1999 年的 20 国集团，集结了当今世界发达的、有影响力的新兴经济体，比如巴西、中国、印度、印度尼西亚、墨西哥、沙特阿拉伯、南非、韩国和土耳其，其成员更为广泛。然而，由于缺乏具有连续性的议程、贯彻执行的政策和统一的愿景，其运作效率受到了破坏。《金融时报》曾经说它是“地方性疾病的宿主”，这更增添了 20 国集团审议意见的复杂性。[7] 这些“疾病”会影响集团无法将精力集中投入到以持续性的方式进行全球政策协调上。更糟糕的是，这种多国集团很容易遭到一些特殊事件的绑架，比如，2014 年 11 月，俄罗斯总统普京出访澳大利亚时的表现抢尽了风头，早早离场就为了“补会儿觉”。

三国峰会（美国、欧洲和日本）的运作更加简单，但很显然，成员范围太小了。一国峰会（美国）本想成为全球经济政策舞台上的指挥者，但受国内情况影响不得不放弃这个想法。这样看来，美国似乎已经甘心放弃了自己在影响甚至操控其他国家上的优势地位（在过去几十年中，它在世界各地的各种危机中都曾经一次次地这么做过）。实际上，无论是在新兴国家中，还是在美国财政部长盖特纳于 2012 年债务危机期间出访欧洲的情况下，现在已经出现了美国进行淡化处理的趋势。

这一切都印证了欧亚集团总裁伊恩 · 布雷默（Ian Bremmer's）的说法，世界正稳步迈向G-0 时代。由于各国在对全球环境评估上没有达成共识，国际协调努力遭到了破坏，进一步加深了对各国共同价值观的侵蚀。随着西方国家不再信任以迎合不断变化的全球配置的方式去发展国际架构体系，新兴经济体发现尝试其他办法变得更加简单起来，即使这些办法只能解决一部分问题。

由于缺少重大调整，我们可能正在走向一个全球政策协调已经大势已去的世界。越来越多的国家开始不愿意或者不能够协调国内形势和自己的国际角色之间的关系。因此，全球经济和政策成果才会一次又一次地获取不到它们真正所需并且切实可行的解决方案。

现在，世界各国首脑峰会的召开原因，是出于对公共关系的考虑而非针对某件具体事情。如果有什么重大事件发生了，会进行双边谈判（实际上，乐观的一面是，如果一次峰会能够实现其预期目标，就可以为这些国家领导人进行双边谈判提供很好的支持，与之相比，更传统的双边首脑会议往往会面临很多来自外界的期望、关注和压力）。

对于当前的总体状况，正如汤姆·弗里德曼（Tom Friedman）总结的，这是一个“超连接”的世界。这个超连接十分复杂，使得世界经济不得不面对周期性的协调失灵，对一些可能发生的灾难性风险抵抗力非常脆弱。国家方针很少考虑到国际外溢和回流的情况，最终会破坏国内的追求目标。

发达国家之间日益增长的孤立主义并不只局限于经济和金融领域，在政治领域也有所体现。举个例子，想想 2013 年 9 月，针对叙利亚的暴行，英国议会——美国最亲密的盟友，在组织多边反应方面时的做法，给了美国当头一击。

把集体国际行动优先级视为高于国内方针，这种做法很明智。[8]毕竟，成千上万的平民可能因此失去生命、流离失所。除了巨大的人类苦难，重大人员伤亡以及人口迁移会给邻国带来动荡的危险，并且有可能助长极端暴力活动。然而，正如所有人都能看到的那样，协调一致的应对政策的可能性再一次成为国家主义的牺牲品。对许多人来说，通过这件事，他们更加关注国内政策和决策对全球的溢出、倒溢以及互相依存程度的低估，而极端组织“伊斯兰国”的出现，就是这种做法的代价。

为了克服这些反复出现的困境，世界需要重新找回多边主义的智慧。但是，我说的不是要创建一个新的结构，而是认真对待现状，加速其现代化的进程。在经济和金融领域，国际货币基金组织发挥着极其重要的作用，哪怕面对最困难的情况，它都有能力发挥其作用。

过去的岁月中，国际货币基金组织一次次向世界证明了它成为各国“值得信赖的顾问”的能力。它会提供技术支持，进行各国互相支援的最佳实践；当国际经济和货币系统面临重要危机时，它还能承担起多边讨论论坛的角色。但是，一些不可避免的障碍影响了其作用的发挥，最主要的是机构治理调整上的失败以及一些针对当今世界不断变化的现实情况的操作方式。

国际货币基金组织的全面现代化和赋权早就该进行了，这里要再次强调，所需的步骤并不是多么神秘。有些工作组已经注意到了这个问题，其中就包括我在过去几年服务过的一个机构。这些工作组最后得出了相似的结论，那就是在实施环节上存在难度。

如果个别国家希望改善其当前和未来的人口前景，他们就必须花大力气去增补国家政策的适应性，以便：

- 增强国际货币基金组织的金融资源。
- 调整机构的发言内容，使其真正反映出当今世界的形势，而非几十年前的世界。
- 彻底清除剩余的国籍特权，包括认为机构应该是由欧洲国家领导的封建“传统”以及在组织的各个层面培养精英阶层的做法。
- 增强能力，对那些造成全球失衡和体系脆弱的国家——无论是盈余国家还是赤字国家，公开点名批评。

回归央行的有效性

世界经济的现状令人沮丧，其潜力远远还没有全部发挥出来，除了急需拿出一个整体政治解决方案之外，这四项重要的政治特权的提出还有另一个目的——再次强调当央行想要带来好的经济结果时所面临的挑战程度。如果央行仍然是“唯一玩家”，那么它们极有可能从问题的解决者转变为问题的一部分。此外，央行的命运和未来也将无法掌握在自己手中。

在改善国家的增长引擎方面，央行无能为力。这些机构既没有专业知识也没有权力去对教育和劳动力市场进行改革。它们无法领导国家和地区基础设施建设，连去影响财政改革的权力都没有，更别说去强迫实施什么了。

那么它们到底还能做什么？一些鸡毛蒜皮的小事情吧，只要其他决策实体还处于观望态度，它们就起不到决定性的作用。

当涉及需求不足和债务负担的问题时，央行倒是可以再多发挥一点作用——再说一次，我们需要了解，正因为它们本身也是市场所需政策回应的一部分，它们的努力会造成意想不到的后果，其中就包括会增加未来金融不稳定的风险。

一些小型的央行也可以通过使本国货币更具竞争力，从而促进经济复苏——但它们自己绝不会承认。事实上，有些七国集团成员已经开始这么做了，但这些国家却声明并不是有意为之。

尽管说法上有些混淆（意味着从根本上停止所谓的“货币战争”），但政策方法其实很明确。较低的汇率是为了促进出口型企业和那些与国外提供的产品和服务竞争的面向国内销售的公司的活动。但是这么做还远远不够，还会涉及之前提到过的成本问题，包括引发货币战争的风险。毕竟，最重要的一点是，各个国家不会同时出现货币贬值的现象。

此外，政策协调的问题并不在于央行。当各国涉及共同磋商、分享观点、协调行动的问题时，世界各地的经济机构仍然奉行金本位的做法。而世界上在政策协调方面最守口如瓶的机构之一——国际清算银行——在瑞士会定期举行高效会议，它大大推动了这些经济机构的工作。

我以外部发言者的身份受邀出席过几次会议，我欣赏他们的办事效率，尽管对于在瑞士巴塞尔市火车站对面的那栋圆形大楼中究竟发生过什么，我还只是一知半解。近些年来，远离媒体镜头和喧嚣，国际清算银行的会议为各国提供了一个坦诚交换意见的机会，还在危机期间推动了当时急需的紧急电话沟通的顺利进行。实际上，在我所遇见的央行官员中，没有一位不对国际清算银行的有效性和坦诚交口称赞。

央行的问题不是缺少场地或指挥，而是缺乏一个完整的“乐队”——它们的乐器实在有限。不管它们的讨论和协调方式有多好，在解决具有普遍性的、根深蒂固的问题上，还只能提供部分解决方案。

但有一件事是央行可以做并且也一直在做的，就是通过运用更适合上述四项政策的工具，帮助各种政策更好地结合及贯彻，为其他决策实体争取更多的时间。但是这个过程还没有结束，而且必然伴随着高成本与高风险。这样做最后的结果是，几年后，我们目前的情况会屈服于一个潜在结果带来的异常分布，会对我们个人、公司甚至政府的舒适区带来挑战。

THE ONLY GAME

IN TOWN

第五部分

从应该发生什么到可能发生什么

设计，是在舒适与豪华之间、实践与理想之间进行平衡的不断挑战。

——唐娜·卡兰——

你到这里来学习，但你只听到了你想知道的东西。

——《侏罗纪世界》——

THE ONLY GAME

IN TOWN

第二十一章 当理想性和可行性发生分歧

理解的困难不在于接受新想法，而在于摆脱那些根深蒂固的成见的纠缠，这些成见成就了现在的我们，在我们思想的每个角落留下烙印。

——约翰·梅纳德·凯恩斯——

对未来的正确预测应该是可能发生什么，而不是应该发生什么，这两者有很大区别，在今天这种需要克服全球经济的疲软和更大金融动荡的风险的情况下，更是如此。

想清楚如何让事情变得更好，如何使全球经济在繁荣的同时还能维持央行的可靠性和有效性，这是一回事；而让事情从理想变为现实又是另外一回事，特别是当我们生活的这个世界已经变得非常陌生的时候。现在这个世界，太多无法想象的事情已经变成了现实；这个世界，经济和金融教科书中的说教已经脱离现实生活太远；这个世界，国内政治受到反体制运动的极大影响；这个世界，地缘政治问题常常具有流动性，国家和非国家行为都包括在内。

在需要做些什么的问题上，各国已经达成了相当程度的共识，特别是当涉及之前提到的四项优先政策的时候（结构性改革、总需求不足、债务负担、不完整的区域和国际体系结构）。然而，要想将这种共识转化为行动，还有漫长的一段路要走。目前看来，发达国家发生决定性政策突破的可能性很小。旧习惯会使必要的改变受挫，现有结构和既得利益者们会变成变革途中的拦路虎。

这并不是说政策的突破完全不可能。事实上，各国的普遍认识正在回升，源于政治家们感受到的压力，他们需要进行更有效的回应。例如在美国，两党的政客们都急于在 2016 年选举前进行经济辩论。[1] 同样的现象也将出现在许多其他发达国家的选举中。

但重要而全面的政策决策虽然是可能的，但把握不大。事实上，想要分析我们的现状，最好的方式是去面对可能出现的 3 种结果：取得突破、得过且过（也就是人们所说的“拖延和粉饰”），或者滑落到更令人失望的增长速度和更严重的金融不稳定。这些可能结果出现的概率会随着时间的推移而增大，并且会以某种特殊方式去完成。

我们应该事先就要认识到，异常复杂的配置可以很轻易地使决策瘫痪掉，这正是因为这些结果出现的可能性都是一样的。我在英国学习经济学时研究过“理性的傻瓜”问题，讲的是一些很强硬但是不“理性”的决策动态，和这个方案十分类似。[2]

给一头饥饿的驴提供两捆干草，重量相同，形状不同，一捆高而窄，一捆短而宽。驴必须在二者之间做出选择，旁边有个眼光敏锐的观察家在看着，他知道驴已经掌握了这两捆草的全部信息。

假设驴是完全理性的且掌握了充分的信息，也明白它所揭示的偏好将被观察者认为包含着可靠的信息——其中一捆草好于另外一捆。而这正是困境的根源所在。

因为两捆草在数量和内容上都是相同的，驴无法判断两者之间的区别。驴既然是完全理性的且掌握了全部信息，于是，它就无法从这两捆草中做出选择，最后，这头理性的驴只好继续挨饿。

这个简单的故事说明了一个更为普遍的观点：即使在掌握了完美信息的条件下，你也会因决策风险而最终获得愚蠢的结果。在流动性异常的背景下，风险会显著增加，简言之，由此产生的复杂性最终会以瘫痪收场。

这是我们现在面临的重要风险之一。事实上，本书中几乎所有的分析都可以用图 12 来总结。

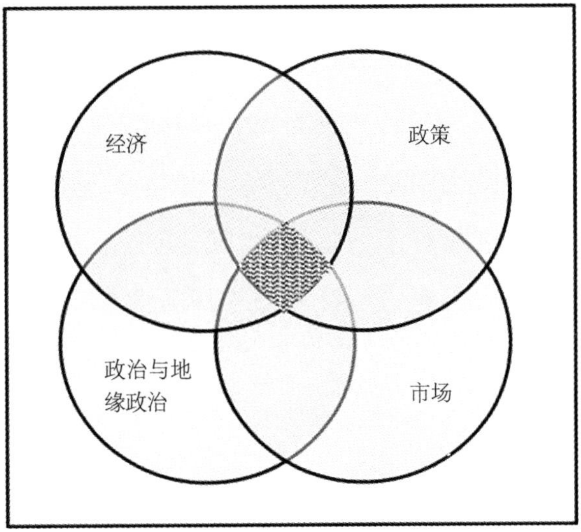

图 12　我们生活的世界

试想一下，我们生活的世界，其实是四组因素的交叉：经济、政策、政治与地缘政治以及市场。如今，每个因素都是独立存在且具有流动性的，这四个交叉点有多不确定可想而知。

由此产生的复杂性会被人类的自然倾向放大。大多数人只能在其中一个、两个，最多三个圈子中挥洒自如。很少有谁能在全部四个圈子里都感觉舒适，更不用说易变性极强的交叉点了。

复杂性绝不会仅此而已，因为它动态性很强。它会进一步受到四个必需的全球性转变的影响，并与四项全球性试验相互作用，最终将会提供一个极其异常的潜在结果的分布。[3]

那么现在，本书的读者应该都已经知道这四个全球性的转变都是什么了吧，包括：

• 央行从辅助增长，转变到真正的、更具包容性的增长。

• 央行从追求金融稳定和抑制市场波动，转变到追求经济更持久稳定的发展。

• 从全球经济中具有系统重要性国家之间的紧张关系——包括俄罗斯和西方国家之间在乌克兰问题上的分歧等，转变为新的区域和全球安排、积极协调不同意见、调整激励机制，从而持久缓解紧张局势。

• 从日益恶化的不平等现象（收入、财富和机会上的不平等）和政治机能障碍，转变为制度、政治和社会的革新。

从地理角度上看，这四个全球性转变需要配合四项不同寻常的政策实验：

• 在中国，通过几十年来鼓舞人心的发展，政府正在完成一次跨越中等收入水平的过渡转型。

• 在欧洲，为避免市场碎片化以及“希腊意外”重演（包括经济崩溃、资本管制、银行关门、债务拖欠），各国政府正试图完成经济一体化项目。

• 在日本，政府致力于实行财政刺激以及非常规货币政策，首相安倍晋三正在努力部署“第三支箭”的结构性改革，以避免连续发生第三个“失去的十年”。

• 在美国，美联储正在等待政治失能症好转，以使其他决策实体能够部署更适合美联储的工具和硬件解决方案，提高经济强劲复苏的可能性。

鉴于所有这一切的重要性，这么多不可能的结果——也是无法想象的，在过去几年里都一一变成现实也就不足为奇了。要记住伯南克主席所说的“罕见的不确定的前景”的观念，我们正在观察着的潜在结果的分布情况从令人安心的“正常钟形”曲线变成了异常令人焦虑的双峰分布曲线（即概率分布曲线的形状如同一个双峰骆驼的驼峰，而且拥有两个更高的概率结果，如图 13 所示）。随着时间的推移，央行维持现状的能力面临更大的挑战，这个转变速度也将更快。

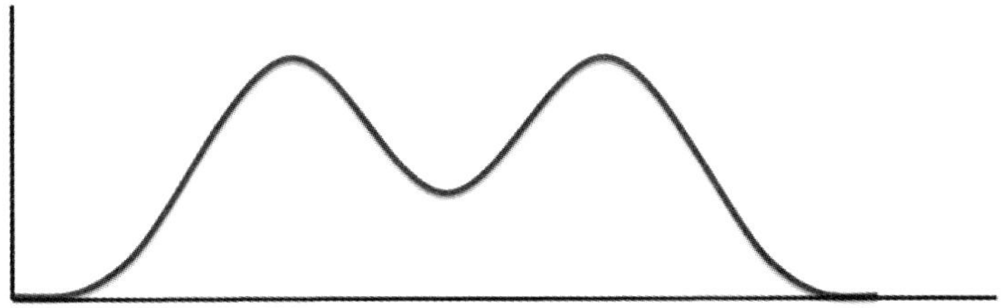

图 13　双峰分布曲线

第二十二章
把破坏性的复杂转化为可操作的简单

任何一个聪明的笨蛋都会把事情搞得更大、更复杂、更激烈，但如果想做相反的简化努力，就需要天才的智慧，还有更多的勇气。

——厄恩斯特·F·舒马赫——

当人们抱怨你太复杂时，却从不记得，他们曾取笑过你的简单。

——迈克尔·巴锡·约翰逊——

异常的不确定性已经给决策造成了瘫痪的风险，而不断变化的结果分布可能性又进一步加剧了这种情况。为此，我才会鼓励各位要一直思考分析框架，这样有助于将具有破坏性的复杂转化为可操作的简单。考虑到全球经济是由许多不断变化的部分组成的，而政府又不可能承担起全部的责任，在我看来，这项任务至少在当前是十分重要的。

为了进一步说明这个问题，让我们先拿出一点儿时间来回顾一下全球金融危机造成的直接后果。

走出危机之后，我和我在太平洋投资管理公司的前同事们发现“新常态”的框架能够极大地鼓励我们去思考在传统特征和历史关系之外的问题，特别是当我们经历过深刻撼动的全球格局以及险些崩溃的银行系统来进行分析的时候。正如前面所述，“新常态”是最早被提出的方法之一，发达国家面对的是长期的结构性的问题，而非典型周期性反弹，其后果会让全球经济学家跌破眼镜。

那么现在呢？应该如何简单描述现在的情况？

在我看来，全球经济正接近一个三岔路口，说得更确切一点，就是英国人口中的T字路口。经济发展的道路将很快走到尽头，与此同时，将面临两种截然不同的选择：一个更好的世界状态和一个更糟糕的世界状态。可以想见，由此也会给我们带来完全不同的结果。对于现在和未来的几代人来说，这个选择至关重要。但现在还没有足够的信息可以对未来做出信心满满的预测。

在世界的部分地区，特别是那些经济、金融、政治、社会流动性特别好的地区，T字路口的现象已经很明显。希腊就是最好的例子，“拖延和粉饰”的路走到头了，就迫使社会——包括希腊及其欧洲合作伙伴国家——必须面对两种截然不同的结果。

那么，全球整体经济将何去何从？我们越接近T字路口，就会得到越多的信息，幸运的是，未来究竟选择哪条路，还都是未知数，而公司、政府和家庭的做法都会对最后的选择带来重要影响。

简而言之，只有将政治和涡轮增压器更好地结合在一起，才有可能在T字路口处做出正确的选择。更具建设性的政策方针会得到更多专业共识的支持，从而使解决方案能够落地实施。要想实现这一点，需要那些具有系统重要性的国家在制定政策的时候经历一个“卫星时刻”，将政客们团结到一个共同的愿景和国家目标之中（20世纪50年代末，苏联成功发射卫星“斯普特尼克”号，美国深感震惊，也给美国“太空计划”敲了一记响亮的警钟，刺激美国马上开始行动起来，最终在太空竞赛中迎头赶上并占据了有利地位）。

在多边层面，2008年10月召开的国际货币基金组织世界银行会议，被认为是最近一次的“卫星时刻”。[1] 各国参与者们齐聚一堂，就共同分析出来的各自经济形势进行了坦率交流。6个月之后，20国集团峰会在伦敦成功举行，进一步把这个交流过程推向了高潮。

回到各自国家之后，各国领导人宣讲了会上对危机的共同分析以及潜在发展前景，之后又带着大刀阔斧且相互一致的政策方针重新在伦敦齐聚一堂。齐心协力比各自为战发挥的作用大得多，世界成功地避免了一次可能会伤害当前和未来几代人的全球性的大萧条。

当今世界需要认识到，当前局势正变得越来越脆弱动荡，但很快就会结束。我们面临的挑战是，如何确保我们在T字路口的转弯时做出更好的选择。否则，全球经济将面临更萎靡的增长态势、更严重的不平等，以及更动荡的市场——所有这些都将给社会和政治凝聚力带来压力，并且使地缘政治局势更加紧张。

前路漫漫，任重道远。

第二十三章
潜在结果分布的“腹部位置”

理性不是我们的强项。

——杰夫·加尔文——

作为前奏，我们讨论了在这个历史性的重要选择路口前，怎么才能增加做出正确“转向”的可能性，现在让我们看看正态分布的腹部位置（即钟形曲线，有一个单一的高可能性结果以及双侧的窄尾）；此外，我们来思考一下，为什么这条曲线正变得越来越不稳定且日益式微。实际上，当你经过一段时间的分析之后就会发现，腹部的概率明显下降，而两头双尾概率升高。

无论你把这个现象称为“长期停滞”“新的平庸”还是“新常态”——这三个概念现在已经被滥用了——当今全球经济都

在寻找一条相当缓和但稳定的经济基线，关于这一点已经形成了强烈共识。而现在的情况是，人们不仅没看到潜在增长出现的影子，持续走低的经济增长速度、惊人的失业率反而还在不停地拖经济增长的后腿。

在接受现实之后，大家一致认为，全球经济仍然可以在相当长的一段时间内沿着这条曲线运行，而不会造成破坏。这一点正是我不认同的地方，而且我还认为各位也应该好好思考一下。

在经过最初很长一段时间的抵制之后，现在的主流分析法已经把新常态作为了中期基准，更加令人吃惊的一点在于，在经历了 7 年这种经济模式之后，人们一致认为这一全球经济形势可以（而且也将会）在今后许多年中保持相对稳定的状态。按照《经济学人》杂志在 2015 年年度展望中所说的，这是“世界经济虽然持续低迷，但相对稳定”的延续。[1] 也就是说，当涉及新常态、长期停滞不前、新的平庸的时候，情况不会有什么改变，甚至会变得更严重。

自从 2009 年以来，正如各位已经知道的，我一直以来的主张都是新常态的模式是发达国家走出危机之后最有可能（尽管也是最令人失望）的结果。但现在看来，如果未来几年中还继续推行这个模式，我却开始觉得不安。国家经济和全球系统在协调以下相对稳定方式的 5 个发展趋势的时候，面临着（或将会面临）越来越多的困难：

- 多速率增长。
- 多轨道的央行政策。
- 不断增长的定价异常，从名义负利率到在国外货币政策和美联储政策影响下成形的“美国收益率曲线”。[2]
- 非经济的不利因素。
- 对某些颠覆性创新的影响越来越宏观。

我们正面临的是国家之间日益扩大的经济和政策上的分歧，也无法就相对稳定的低增长状况取得共识，加上国家政治前景和地缘政治混乱的局面，都将导致分布曲线的腹部更加不稳定。从2015年年初开始，这种现象变得越来越明显[3]并且发展势头强劲。

简而言之，当面对尖端出现的可能性越来越大时，新常态的自我维持概率正在逐步下降。下面让我们来更深入细致地思考一下其中的原委。

第二十四章
一个分歧更大的世界（I）

多速度增长

未来经济增长的真实情况取决于新一代人如何理解我们不断发展的相互依存的关系，它的积极面和消极面都是什么，然后找到创造性的管理方法。

——迈克尔 · 斯宾塞——

让我们从前几章中提到过的经济表现的细节说起吧。眼下这个阶段，我们应该有所预期，四个国家集团之间在经济表现上的分歧会越来越大，这会严重影响到作为一个整体的全球经济取得的成果[1]：一套不断提高的经济、一套稳定的经济、一套停滞不前的经济，以及少数能够单独证明其他国家有问题的“通配符”。

美国应该是第一阵营的领导者，新兴世界中的印度也在其中。

随着经济和金融的发展改善，美国的增长速度将会稳步上升，尽管只是逐渐改善。就业增加将会伴随着工资水平难以提高。劳动力参与率将会从近几十年的最低点缓慢回升，虽然回升程度并不会太多。因为更为稳健的创收以及政治僵局对支出的阻碍，短期内财政状况不会对眼下的经济形势造成什么影响。

这些当然都是好消息。然而，这些是否可以转化为增长的“逃逸速度”、经济是否可以“起飞”，以重获危机后失去的机会，都还是未知数。它无法让美国经济恢复强劲增长的势头，并成为全球经济增长的火车头，在短期内也无法增加国家的潜在增长率。因此，长期财政问题和增长的问题依然存在，在扭转收入、财富以及机会的三重不平等方面也不会取得太大进展。不幸的是，如果政府系统不能拿出来更具综合性的政策解决方案，如果世界上其他国家的表现仍然在拖累着美国增长的后腿，这种情况就还将持续下去。

就印度而言，在额外的政策加强作用下，它正开始走上年增长率维持在 6%~8% 的发展道路 。如果不发生重大的政策失误，印度很可能会置身于一个投资模式转变的风口浪尖之上，这会使印度在更多行业和经济活动中具有更大的竞争力。其结果将会是印度发展进程中的一次飞跃，会为印度人民带来更大的经济繁荣，减少贫困人口。然而，这种发展势头并不能让印度变得和几年前的中国一样：成为拉动世界其他地区经济增长的火车头。

第二阵营的领导者是中国。这个阵营中的国家都经历了一个增速明显下降的过程，但又能够建立起一个新的（相对稳定的）经济平衡状态，尽管过程不是一帆风顺。

无论中国的增速将会在5%~6%的总区间中保持稳定，还是远远低于历史平均水平，这种增长的质量都会不断提高，并且将会伴随着在国内和国际之间稳定成熟的经济互动。国家优先事项及其国际责任之间的冲突将会越来越少。但这不会是个平稳的过程，特别是考虑到现在有很多金融过度的行为。然而，庞大的主权资产负债表以及限制溢出的系统，让中国能承担得住一定程度的下滑。中国政府也经历了快速学习和及时修正的过程。

国内需求将慢慢替代出口成为一个更强大和更可靠的增长引擎。市场约束会扩展到更多的经济领域。国有企业的影响力将会减少，如同影子银行所带来的风险一样。监管框架也将升级。随着中国缓慢但稳健地进行中等收入转型，它将成为全球经济中更重要的风险承担者。

第三阵营是发展基本停滞的国家，而且雪上加霜的是，风险的天平还将会继续向下倾斜。虽然我也希望时不时能出现井喷式的增长，但也很难看到整个欧洲或日本能够果断打破它们现在的低水平均衡增长的现状。此外，这些地区还面临着一些特别棘手的问题，我们下面会讲到。欧洲央行（和日本央行）继续延续的政策行动主义，对于有意义的增长突破来说还远远不够。

疲软的经济增长将会使破坏性的价格下跌风险延续，无法缓解负债过多的问题，加剧政治紧张局势，加速社会“祛魅”进程（在一些欧洲国家，祛魅会助长反传统和反政府政党势力的增长，甚至会导致政治极端主义的出现）。同时，失业率——特别是青年人的失业率——也将保持在一个极高的水平。

第四阵营，我们称之为“通配符”型的国家，它们对全球经济具有系统性的影响力，同时也面临着极其不稳定的未来。

俄罗斯是这组里面最重要的国家之一。西方的制裁和持续走低的石油价格已经使俄罗斯的经济陷入衰退，俄罗斯国内资本外逃、货币崩溃、进口货物短缺。迫于国内的政治压力，普京总统有两种选择，每一种选择都会对全球经济产生截然不同的影响。

普京总统可以利用这个机会来重建与西方国家的关系以解除制裁；或者，他也可以继续时不时地把那些老掉牙的政治手段拿出来用一用，比如外部地缘政治冒险行为（它已经吞并了克里米亚，更多地参与到了乌克兰东部、中东及其他地区的问题中），这样做的目的是把本国人民的注意力从国内严峻的经济形势上吸引走。

第二种选择，无论对俄罗斯，还是欧洲甚至全球经济来说，都将是极为不利的。

第二种选择会引发西方国家对俄罗斯的能源和金融部门采取其他的制裁措施，而俄罗斯采取的相应反制裁手段也会破坏欧洲中部和西部的能源输送。俄罗斯将会面临更深层次的经济衰退、极端通货膨胀的威胁、不断缩减的储备金，以及更加动荡的货币制度和信用评级下调。由此产生的经济内爆，加上反制裁带来的影响，会让欧洲中东部地区的经济也陷入衰退——所有这些都会是制约全球经济发展的不利因素。

希腊也是这个阵营中的一员，因其在欧盟和欧元区中扮演的角色，它和这些组织有着更直接的联系。希腊目前的经济、金融和债务的发展轨迹都是无法持续的，它的经济政策方针以及欧洲伙伴国家给予它的支持方式，都需要彻底改革。简单概括说来，这其中涉及更加智能的财政政策、更深层的亲经济增长结构改革、债务减免，以及更加灵活的流动性支持。

尽管相当多的经济逻辑都是对希腊有利的，然而新上台的左翼政府的执政能力实在让人不敢恭维。2015 年年初在和债权人的谈判过程中，它们犯了一些很低级的错误，[2] 加上债权人自己也不妥协，谈判最终失败。就这样，希腊的国家经济持续衰落，失业率一直在 25% 的高点徘徊；最惊人的是，没有工作的青年人竟然超过半数。与此同时，存款继续从银行体系逃离，不仅抽走了系统中更多的氧气，还使希腊对欧洲央行的依赖性更强；而欧洲央行已经很不情愿再为其提供帮助了。希腊政府甚至曾经一度被迫关闭银行长达 3 周，并且严格控制每天的取款限额，实行资本管制。

所有一切的问题，并不在于大佬们是否希望希腊还留在欧元区内，而是在于根本没人采取过必需且果断的政策行动。

更糟的是，无论哪一方想要说服其他方都很困难。就这样，“希腊意外”发生的风险大幅度上升，最终导致 2015 年 6~7 月经济的“突然停止”——谈判彻底破裂、尖锐的指责、恶毒的人身攻击、银行挤兑，迫使银行系统混乱地关闭。资本管制的目的是把希腊留在欧元区，但结果却是经济活动、贸易以及系统内的信任统统崩溃。即便是希腊经济中的关键部行业旅游业，也遭受了重大打击。原本就高得惊人的失业率变得更高，原本已经很紧张的社会保障网络被拉得更加紧绷，贫困水平更是进一步加剧并蔓延开来。

欧洲其他国家深感惶恐，都在努力使自己避免遭受传染。

因此，带有新型危机管理工具的一批新机构建立起来了。欧洲央行也在努力改善希腊银行系统的状态，并且为了避免战争蔓延开来，准备了“熔断机制”。其他外围经济体，比如爱尔兰和葡萄牙，通过增强防御和自我保护能力，尽其所能地保证本国经济正常运转。

因此，和希腊在2010年第一次爆发的那次危机比起来，这次欧元区承担的间接损害风险要小得多，也不像2012年7月那次危机传染性那么强。但这并不是意味着负面溢出和溢回效应就不存在了，这些问题还没有解决，而且其影响（特别是其中的政治组成部分）还远远没有表现出来。

巴西是另外一个值得注意的通配符型的国家。毕竟，它也是一个体量较大且具有全球影响力的经济体，因其在拉丁美洲中的规模和作用，它也为其他国家提供了重要的示范作用，其中有好的方面也有坏的方面。

在总统路易斯·伊纳西奥·卢拉·达席尔瓦的两届任期内，巴西经济出现了令人鼓舞的发展势头；但在之后迪尔玛·罗塞夫总统上任后的头几年中，经济增长引擎开始变得运行不畅起来。巴西一直在试图从之前那个过时的反生产模型中压榨更多的增长率，而不是去极力推进改革。这种模式在很大程度上需要依赖国家开发银行提供的低效信贷刺激型投资，但也会进一步助长腐败滋生，巴西国家石油公司的丑闻就是最好的例证。

问题是，这种陷入旧式国家主义的做法不仅没能实现增长，还带来了更大的通胀压力，给这个还存在收入高度不平等现象和大量贫困人口的国家带来滞胀的幽灵。以巴西目前的现实情况来看，极有可能重新回到高通胀和破坏性通胀预期的那些坏日子里，因此，它也成为世界上少数几个在令人失望的经济增长中不得不提高利率的国家之一。

在经历了 2014 年 10 月总统大选造成的恐慌之后，总统罗塞夫可能最后会做出二选一的选择。和俄罗斯一样，她的选择会给全球经济来带截然不同的影响。比如，她可以深入研究低效的国家主义，扩大开发银行的作用，给央行施压使其提前放松货币管制，这么做很可能把巴西推入更深的滞胀黑洞，破坏其收支平衡和信用评级。或者她可以回头开始进行改革，帮助巴西和墨西哥一起在拉丁美洲中获得更稳固的地位，更有能力克服委内瑞拉因为过低的石油价格和经济管理不善而带来的破坏性影响。

土耳其要解决经济不景气的问题，也面临着严峻的选择。因为它也是组成全球经济的不确定中心的国家之一，所以它也算是一个具有系统重要性的新兴国家。

在不断恶化的“雪上加霜”的问题影响下，全球经济整体来说增速一直非常缓慢，而这四组国家在一起，构成了全球经济的多速度增长形势。这里有一个“雪上加霜”的问题，即由于央行无法再以高度相关的方式参与其中，无法再处理在它们的直接管辖权内的问题，这些对于央行来说是很难容忍的。相反，差异化的货币政策会伴随着差异化的经济表现，这会导致更大程度的定价异常和市场波动。这样一来，价格超调会越来越普遍，各金融资产类别之间会发生破坏性的相互影响，其关系也将变得极其不稳定。

第二十五章
一个分歧更大的世界（II）

多轨道的央行政策

央行的工作令人担忧。

——艾丽斯·里夫林——

2014年12月的《经济学人》杂志里有一段这样的表述：“世界上很少有大型央行会追求这样的政策分歧。”这里说的当然就是美联储及英联储与日本联储、欧洲联储之间绝交的事情。

美联储和欧洲央行之间的分歧是最要紧的事情之一。随着分歧日益加深（这是必然的），它的影响也将越来越大，其他地区经济政策的发展轨道也将改变，全球定价权将转移，实际上，这种转移已经开始了。全球系统会努力“调和”分歧，但过程很艰难，因为根本上只能依靠汇率变动来完成。[1]

一方面，美联储会借助美国已经恢复了的经济状况逐步规范货币政策，也会非常小心谨慎地涉足非常规货币加速器领域。2014 年 10 月，伴随着小幅加息和一套旨在为今后持续数年的加息周期打下基础的政策指导，美联储宣布退出量化宽松政策。这也将构成现代央行发展历史上“最宽松的紧缩”状态。

2013 年 5~6 月出现的“缩减恐慌”给人们留下了深刻的印象。美联储未来极有可能会向魔术师学习，从一个政策立场变成另一个政策立场，以此来转移人们的注意力，其使用的工具也会跟随政策进行调整——难怪《华尔街日报》的乔恩·希尔森拉特（Jon Hilsenrath）称之为“语言体操”。

这种不断进化的语言方式传达给我们的信号，不仅是非常平缓的过程和更低的目标，而且也在一遍一遍地提醒着我们，这是一个高度依赖数据的过程，可能具有走走停停的特点（特别是当经济发展势头没有美联储预期得那么强劲时）。在这个过程中，美联储将持续密切关注市场行为，在避免风险位置过快解除和刺激更多冒险行为中间寻找一个微妙平衡。

为了强化这种沟通方式的影响，美联储官员很可能会把所有这些都打上冠冕堂皇的“最优控制”的包装。这个名词把央行对市场的两个希望表述得很明白：首先，美联储本身是在

“最优”模式下运作的；其次，美联储可以“控制”。在这样做时，美联储认为自己已经做好准备去影响私营部门的预期，从而使私人和公共部门的行动保持一致了。正如伯南克所指出的：“关于政策如何发展的问题，央行向公众提供的信息越多，市场参与者做出正确推论的可能性就越大。”[2]

同时，对于被抑制的金融中介拉动经济增长的担忧并没有阻碍监督和监管的落实，反而还将进一步加强和扩大。具体来说，会涉及更多的机构（包括非银行机构）来把更多的风险考虑进去（包括前面讨论过的对流动性的错觉等问题，特别是在市场共识的转变期间）。

另一方面，欧洲央行将会更深入地探索非常规政策领域。虽然有些成员感到焦虑，但它仍然会全速前进，旨在打击破坏性的通货紧缩，保持经济持续增长。尽管增速缓慢，但为政客们争取到了时间，好让他们团结起来为私营部门的恢复而努力。相较于美国，欧洲维持极低利率的时间要长得多，甚至很有可能把低利率作为它们下一轮政策干预的一部分。

在具体细节方面，分析师们普遍预计欧洲央行的量化宽松政策将会延续到2016年9月，每月的购债规模或将达到至少600亿美元。此外，欧洲央行还将扩大非政府债券的购买份额，并探索能够向欧元经济区中更深更广地注入流动性的特殊窗口。在这个过程中，其资产负债将会从2014年年底的2万亿欧元在两年后增加到4万亿欧元，这个数字超过了美联储。名义利率也将更深入地推广到所谓的“高质量”主权债务甚至企业证券上。欧洲央行还将承担额外的信贷风险，即使有些风险还会转嫁到国家央行头上。最后，和美联储比起来，欧洲央行将对利率市场和其他国家的货币价值拥有最大的影响力。

虽然上面提到的经济和政治分歧——美联储不再宽松而欧洲央行恰恰相反——并没有理论上的限制，但当汇率调整成为和解的唯一机制时，有序的可持续性就变成了最大的问题之一。从货币流动性历史看，其调整的隐含类型有可能会带来破坏：不仅使潜在金融不稳定性增加——与低迷的基本面和高资产价格之间不断扩大的差距也有关系，还面临着溢出和溢回的风险。

在过去，汇率的大幅变动带来的破坏往往来自“货币战争”的威胁，以及由此产生的贸易保护主义者们的报复，或者新兴国家主权的脱轨——这些国家的货币和经济由于过于刚性地连接到G3货币（三国集团货币通常是美元）上，其大幅升值会造成新兴国家货币经历过山车一样的变化，它们的国际储备还不足以应对汇率大幅变化引起的日益恶化的贸易、资本流出、债务支付、到期还款或货币错配情况。

虽然这些都值得密切关注，但我并不认为和之前引发全球危机的风险相比，今天的风险更严重。这显然是个好消息。而坏消息是一个新的风险出现了——汇率的波动性将会如何影响那些对冲不充分的公司？如何将波动性传染到其他金融市场上，从而对支撑发达国家经济复苏的政策机制造成破坏？

总的来说，我们不应该指望汇率机制在不同的货币政策的背景下都能够进行平稳调整，特别是当它承载了大部分的调整负担时。是的，这将会有所帮助，但也会增加金融不稳定威胁的风险。

第二十六章
一个分歧更大的世界（III）

非经济、非政治的不利因素

零国（G-0）集团的形态并不是理想型的，它是分析型的。不幸的是，这也正是我们所处的位置。

——伊恩·布雷默——

虽然经济学家、市场参与者和决策者们很自然地都会专注于熟悉的东西，但他们也认识到非经济因素能够发挥作用。在这个相互关联的世界中，反馈机制和多重均衡的范围早已变得不再重要，所以保持“外在因素”的开放性心态特别重要。具体而言，有两种外在因素值得我们关注，它们会影响到经济前景和央行的政策。

第一种外在因素来自国家政治，特别是反传统、反政府党派的出现。美国人对前几年崛起的茶党都不会陌生，它的作用就是破坏在他们看来有百害而无一利的两党合作制度。这些因素对经济和市场的影响，包括2013年联邦政府被迫关闭了整整17天，以及对债务上限的押注，几乎把美国推到了技术违约的困境。

国会议员们已经意识到，美国选民对这种政治游戏的兴趣已经减弱，其威胁也已经减弱。但这并不意味着民主党人和共和党人能够共同合作去制定有利于经济潜能释放的政策措施了。

是的，国会确实不太可能通过各种政治花招使经济脱轨，但现在，华盛顿的僵持局面还会持续下去，这样就会导致经济发展受阻、不平等加剧、全面繁荣遭到破坏，从而影响美国在全球经济舞台上的领导地位。

经济面临的主要问题是，家庭和企业是否能够更强有力地摆脱“无所事事”的国会的掣肘。具体来说，就是它们是否可以把已经功能紊乱的华盛顿抛在脑后、不理会由此可能产生的不确定性与未知，或者继续采取观望态度，担心着今天的决定最后也许会被将来国会的政治决定证明是愚蠢的。

欧洲正处于这种政治现象的更早期阶段——会更多地让人联想起2010年中期选举前夕茶党出现时的情况，茶党以其激情颠覆了既有的秩序，以其奉献精神为动力改写了华盛顿的游戏规则。

我们已经注意到，整个欧洲对反传统政党都秉持着支持态度——无论左翼还是右翼。从希腊的激进左翼联盟，到法国极右翼国民战线，这些政党都致力于颠覆现状，建立政治秩序。欧洲许多国家，包括丹麦、西班牙甚至德国，都表现出了这种趋势。

经济和市场面临的潜在问题是，大多数的政党都很清楚它们希望废除什么以及为什么要废除，但只要真正提上积极的日程，它们的态度就变得模棱两可起来。对于它们反对的东西，大多数政党都没有提出过任何全面一致的解决方案。事实上，这些政党会让人联想起"自由战士"，虽然成功推翻了既有秩序，但也没能建立起来一个更好的秩序。

就在我写这本书的时候，希腊正在发生着这样的变化。如我们之前说过的，2015 年 1 月，左翼联盟在赢得了决定性大选的胜利后，极力提出各种政策，以兑现选举前做出的种种承诺；同时为了国家经济的可行性，也得让重要的外部债权人感到满意。但是，迄今为止发生的一切，都说明了这样做的难度之大。尽管它们有自己的一套逻辑支持，但在希腊经济危机期间，激进左翼联盟的努力效果确实十分有限——一部分是因为犯了新手才会出现的管理错误，另一部分是由于欧洲当权派的顽固强硬态度。

在更深层次的结构性改革和削减债务的背景下，在新政府制订减少财政紧缩的综合计划之前，2015 年 1 月，欧洲央行宣布将缩减希腊的专项融资窗口。希腊财政部长出访欧洲各国首都的时候也备受冷遇，特别是在柏林时，他和德国外长在一个极不寻常的新闻发布会上进行会晤之后，甚至无法就是否达成共识这一点达成共识，这给我留下了深刻印象。德国外长就公开质疑称，他们是不是已经谈到了那个份儿上。

最终，同时也是迫于沉重的内部压力，左翼联盟不得不做了更多前政府曾经做过的事情，它的欧洲债权人重新获得了急需的财政援助的流动资金。

欧洲其他国家的传统和反传统政党都在密切关注着希腊的情况，它会对欧元区的稳健性提出考验，但这个现象要发展到整个欧洲也需要一定时间，原因有三个。

第一，这些非传统的政党还没有触及政治临界点。没错，它们确实影响到了老牌政党的一些想法，不过这些想法都还不太确定，但这并不是说不会发生。实际上，从 2016 年英国欧盟公投到 2017 年法国总统选举，有一些重要事件眼看就要发生，但在发生之前，市场就会利用其他因素做出权衡取舍。

第二，市场对央行的信心很大，完全相信央行有能力去抑制市场波动，这也削弱了潜在国家政治不稳定带来的影响。和市场会关注政治发展及其对未来的影响一样，央行的流动性注入和企业资产负债表上的先进配置决定了短期投资组合市场定位和波动性。

第三，一些曾经被认为是“极端主义”的政党一旦掌权之后都会变得传统起来，这些历史先例也让许多市场参与者稍感宽慰。希腊似乎现在也要开始进行这样的转变了。在某些情况下，这样的政党在传统经济政策上都成功地取得了重大进展，例如巴西从2002年开始的转变。[1]

让我们把时间倒回到2002年10月，那时巴西市场一片混乱：股票和证券被猛烈抛售、汇率转弱、储蓄纷纷逃离国内银行、政府和企业都难以再滚动它们的信用额度为到期债务进行再融资，更别提调集到新的贷款了。而这时，左翼政党领袖路易斯·伊纳西奥·卢拉·达席尔瓦赢得总统选举在即。

卢拉就是在这种金融动荡的局面中上任的。之前他曾几次在公众和私下场合对巴西现状进行过调侃——债务重组和成长型策略的进行都严重依赖国家主义。相反，他在经济管理上采取了相对正统的方法，同时还重申，一定会满足所有未偿债务的本金和利息支付。在这两个问题上，他始终都保持着坚定的立场。

金融市场重新回归平稳。许多之前被长期拖延的改革措施被落实并执行，推动了增长回升。巴西迎来了史上最强劲的增长和减贫阶段。

第二个外部因素指的是地缘政治的流动性。

不久前，国际关系专家和其他人都在讨论，这个世界是否比 50 年前更安全了。有人认为美国和苏联这种超级大国之间的紧张度减少了——这两个国家都各有一个巨大的核武器库虎视眈眈地指向对方。但消灭大的人口中心则是个小错误。历史已经告诉我们，世界实际上已经非常接近这种情况了。

而对于那些认为我们生活的世界变得更加危险的人来说，他们会怀念过去那些“理性的”单一民族国家时期。毕竟，让这种民族国家坐到谈判桌前容易得多，这样的国家架构也有利于提高它们相互之间进行建设性接触、有意义的承诺以及可靠验证的可能性。对于那些“非国家行为体”，比如“伊斯兰国”来说，情况则不是这样，然而这种政权组织形式现在已经变得越来越普遍了。因为它们缺少应有的组织架构，相互之间也没有一个强制执行的约定的历史，和这些非国家行为体之间几乎不可能进行具有建设性的互动，更别说让它们遵守承诺了。

其实，这场辩论中的大部分内容都是无关紧要的，因为这两种现象如今都在上演。俄罗斯与西方国家在乌克兰、叙利亚问题上的紧张局势使得世界冷战因素重新出现——尽管考虑到全球都参与进来了以及潜在后果的严重程度，这个算是冷战“精简”版了。随着“伊斯兰国”在中东地区的出现，它们在欧洲发动恐怖袭击，并威胁会发动进一步的攻击，各国政府必须去应对与非国家行为体有关的不同类型的安全风险，甚至发生在乌克兰东部地区的暴力行为也有非国家行为体参与其中。确实，莫斯科对它们进行了干预，但谁也无法确定，克里姆林宫在任何时候都能对它们产生决定性的影响。

再说一次，很难说市场已经给可能发生中断的规模和范围做出定价，这种中断就是由这种地缘政治风险的可怕结合带来的，无法定价的原因就在于央行的力量可以保护市场的巨大信心。但这些影响在未来应该会有所减弱，市场会对不确定性和令人担忧的地缘政治结构做出快速反应，但以线性和有序的方式进行定价仍然不是一件容易的事情。

第二十七章
一个分歧更大的世界（IV）

颠覆性创新正在变得日益宏观

创新潜能和创新的广泛使用之间的差距给我们留下了教训，但之后我们都选择了遗忘，或者由于我们的漫不经心而根本没有吸取到教训。

——迈克尔·斯宾塞——

我们生活的时代处在两个巨大的技术变革过程之中：一个变革发生在能源领域，是由页岩油引发的；另一个是数字革命，包括互联网技术创新、移动化、应用程序等。这些都导致了测试机制、适应能力以及机构生存能力的快速变化。

这些颠覆性技术给我们的日常生活带来的微观影响，大多数人都已经很熟悉了。比如，公司和消费者在能源使用上的投入成本大幅下降，尤其在美国；互联网扩大了购物范围，改变了零售方式；智能手机和平板电脑颠覆了电影、游戏以及信息的获得渠道。

而我们对一系列的宏观变化却没有那么熟悉，尽管这些变化就摆在我们眼前。

事实上，就拿能源领域来说，它已经在以一个可见的方式发生着改变，之前无法想象或不可能的结果已经逐渐成为现实。

1. 改变能源供应模式

页岩油技术已经为石油供应模式带来了根本变化，无论是直接的还是间接的。

特别是在美国，那里采用的方法比世界上任何一个国家都先进得多，也提供了规模相当大的新能源。美国改变了能源市场中的相对价格结构，为大批新活动的开展提供了支持。实际上，正如能源专家丹尼尔·叶尔金（Daniel Yergin）在《纽约时报》中指出的："美国的页岩油已经成为世界石油市场中新的决定性因素，这在5年之前是根本无法想象的。事实证明，这是一个真正的具有颠覆性的技术。"[1]

说到这里，需要指出一点，页岩油的影响在最开始的时候并没有进入宏观层面，直到2014年中后期两件触发事件发生后，才引发了石油市场的动荡，产生了深刻且持久的系统性影响。

首先，是能源需求的下降，主要原因是中国经济增长率的降低。考虑到中国经济的巨大体量，其对于商品市场的重要意义无论如何强调都不为过。同时，中国也是一个相对低效的商品用户，每单位国民生产总值实现的商品消耗量很大。这种对商品需求的高密度增长对于石油、铜以及其他商品制造者来说是很重要的，如果中国发展得好，皆大欢喜；如果中国增速放缓，则问题堪忧。

其次，是石油输出国组织（欧佩克）的反应，这是由许多但不是全部的大型石油生产商构成的组织，它们占据了全世界石油探明储量中相当大的份额。

随着近年来其他能源生厂商的出现——包括传统和非传统的，欧佩克的重要性有所下降，但它对石油市场仍然有着重大影响，无论是真实发生的还是在可预见的范围内。这种影响一部分来自市场多年以来对欧佩克的习惯性认知，觉得它就是“无拘束产油国”——即当石油价格过高时，欧佩克能够而且也愿意增加产量；反之，当价格急剧下跌时，产量也会随之减少。

欧佩克能够给人们留下这样的印象主要归功于其中一个成员——沙特阿拉伯，世界上最大的石油生产国，拥有巨大的、已探明的石油储量和极低的生产成本。长久以来，作为欧佩克中负责调节产量的产油国，沙特国王表示愿意承担一大部分产量减少带来的损失——除了通过直接降低本国生产定额之外，还包括容忍其他欧佩克成员国不断超越自己的最高极限。

在一些历史先例中，沙特阿拉伯最初扮演的并不是负责调节产量的产油国的角色，石油价格曾经一度暴跌，甚至对欧佩克中一些低成本产油国的商业可行性造成了威胁。20 世纪 90 年代末，沙特阿拉伯的货币市场也面临着一度难以想象的投机攻击。

想象一下在油价下跌初始，欧佩克在沙特阿拉伯的影响下决定不降低单个国家和整体的产量上限时市场受到的震动。其结果就是石油价格遭遇了一轮令人瞠目的下跌——不到 6 个月的时间下跌了 50%（2014 年 6~12 月，见图 14），之后在经历了一段时间的平稳期后，又迎来了新一轮下跌。

在我们进行前瞻性分析时很重要的一点是，沙特阿拉伯并非不合理、不稳定或行事鲁莽的国家；相反，它能够从历史中吸取教训。

因为沙特阿拉伯扮演着负责调节产量的产油国的角色，沙特国王可能会对石油价格下降施加压力，但如果这样做，沙特阿拉伯将失去市场份额。过去的经验表明，市场份额一旦失去就很难再恢复。现在，由于许多重要的非传统能源供应进入了市场，重夺市场份额变得更加困难。

图 14　石油价格

数据来源：汤森路透

此外，沙特阿拉伯还有其他两个考虑。首先，降低石油价格将有助于给沙特阿拉伯的政治对手施加压力，包括俄罗斯和伊朗，沙特阿拉伯的一些区域目标当时正遭受着这些国家的打击，包括叙利亚以及后来的也门。其次，这可以迅速将一些能源供应商（包括传统的和非传统的）由盈利变为亏损。实际上，常常会有各种评论见诸报端，关于越来越多的钻井平台被关闭、关于非传统公司的承包、关于削减新设施的投资预算，等等。由于能源世界产品价格的大幅下跌，使沙特阿拉伯在石油收入上蒙受了巨大损失，但这也使其他地区的生产以及新投资的比例极大放缓，这就提高了沙特阿拉伯可观的石油储量的未来价值。

这种生产模式的显著变化意味着石油市场要想恢复价格均衡，现在取决于生产调节者（美国）自然市场的力量——通过低价格产生的影响，比如关闭不盈利的油田并选择替代能源供应、不鼓励扩张计划、鼓励更高的需求量等。

所有这些都发生后会导致一个后续的、更持久的石油价格的复苏，但这个过程需要一段相当长的时间。与此同时，随着石油价格的大幅下跌，一些经济（和政治）行为也会开始发生变化。

在经济问题上，我们应该寻求对消费的有益影响，比如能源密集度上的改变等。同时我们也应该期待全球均衡的调整，鼓励石油进口国的更多消费量（其边际消费倾向高于低吸收的石油生产国），并且降低生产成本以扩大生产活动范围。

当把分析范围扩大到经济领域以外、把地缘政治的涟漪效应也考虑进来的时候，就进一步增强了长期影响的可能性。对俄罗斯和委内瑞拉这样的国家来说，低油价给它们带来了巨大问题。除了使这些国家的内在动力更接近临界点之外，还削弱了对其他国家的真实的外在影响。2014 年 12 月，美国总统奥巴马批准了古巴和美国之间的贸易协议，颠覆了 15 年来美国的外交政策范式。但这一协议最终没有实现，有些人认为，其失败原因不在于古巴政府的关注度，而是由俄罗斯和委内瑞拉表现出来的不支持的态度，油价下跌给这两个石油生产国带来了沉重打击。

到目前为止，几乎没人会预见到未来油价的下跌，特别是在这么短的时间内。而意外之事不可能停止。随之而来的还有经济、政治以及地缘政治的变化，这些在不久以前还被认为是不会发生甚至是难以想象的事情。新能源世界，既有优势也有劣势，好坏并存。[2]

本书中很重要的一点假设是，相关动态都具有双边风险。这是我再次强调的厚尾分布概念，如果再加上其他因素，时间一长，潜在结果的正态钟形分布就会转变为双峰分布。

从好的方面看，低油价增强了全球经济腾飞的可能性，能够给相对不富裕的家庭带来更多的好处（和富余家庭相比，这些家庭中的能源消费占比更大），但同时也会刺激反不平等的力量增强，虽然这只是附带作用。

再来说说不好的方面，对那些已经经营不善的石油生产国来说，低价压力可能迫使它们的地区局势变得更加混乱。更低的价格还将使大宗商品以及与大宗商品相关的公司面临支付困境，受其控制的其他资产类别也有可能遭受波及（例如高收益债券和新兴市场公司）。同时，低油价还阻碍了对未来能源容量的投资，其中也包括页岩。

2. 颠覆性技术创新的利用

目前正在进行的技术革命是造成未来潜在结果不稳定分布的第二个因素。这场革命有两个关键要素：一是对个人的授权范围；二是部署大数据、人工智能，以及埃里克·布林约尔松（Erik Brynjolfsson）和安德鲁·麦卡菲（Andrew McAfee）口中的"第二次机器时代"。[3] 许多观察家和研究者把这些革命和变革力量看成是史上最强大的变革之一。

2015 年 3 月，在由尼古拉斯伯格学院和《赫芬顿报》（*Huffington Post*）组织的一次合资企业会议上，安德鲁·麦卡菲补充说："这是经济学家们唯一认可的免费午餐。"（他还指出，没有哪种经济规律能保证利益分配完全平等或公平。）

虽然意见有分歧，但大多数人都认同一件事：我们仍然处于历史性转型的早期阶段。创新正在变得越来越多，并在多个维度中扩展。

乍看之下，这两个驱动因素——个人授权和大数据——似乎有些互相矛盾。一个是给予个人做更多事情的能力；另一个则会让人更多地联想到描写机器造反的电影，比如快速吸收大量数据然后进行自我进化，人类的支持辅助者变成了人类的替代者。事实上，只要想想我们平时玩小游戏的简单例子就明白了。互联网惊人的信息收集能力，结合智能手机技术的突飞猛进，为我们提供了强大的工具以回答更多问题，而且速度之快超乎大多数人的想象。这也赋予一些机器能够在游戏中打败人类的潜在动力，比如IBM公司的Watson（认知计算机系统的一个杰出技术平台）。同时，在汽车无人驾驶以及远程医疗诊断领域，这些也是基础的研究工作。

但实际上，这还远远不是二分法那么简单的事情。现代经济中的劳动力市场、教育价值以及工作组成也都感受到了“与机器赛跑”的现象。[4]此外，这也改变了新投资的风险与回报配置，放大了“赢家通吃”的影响。

经济越创新，离职率越高，社会保障网的重要性也就越大。此外，这些创新具有双重变革力量：赋予能力和取而代之，其潜在影响好坏并存。这就是牛津大学马丁学院主任伊恩·戈尔丁（Ian Goldin）把它们看成“新文艺复兴”组成部分的原因。因为和上次文艺复兴一样，既取得了伟大成就，同时也有可怕的事情发生。

我们之前已经讨论过这些力量如何使“其他世界”被颠覆。从优步到空中食宿，精通技术的企业家们颠覆了建立已久的市场部门。不依赖传统方法，他们的核心竞争力最初对这些部门来说都是陌生而新鲜的。

还有看上去不是很明显的一个例子，就是在媒体和金融领域，这两种力量相结合之后，对这个领域造成的颠覆性创新的影响日益增强，但最终结果如何还是个未知数。

再来说说媒体领域，先来思考一下我们的信息来源是如何改变的吧。技术突破改变了市场生产者和消费者的进入和参与条件，从根本上改变了经济景观，进入性更好，成本更低。曾经对于体力的需求已经虚拟化，新平台不断涌现促进了生产和消费，网络接入量呈指数级增长。而所有这些反过来也促进了“大数据”的发展，通过分析这些大数据，整个组合变得更加有效。

如今，人们都能够很容易地把信息发布到网上，同时获取信息也一样方便（不用考虑地域、收入水平和社会经济地位）。然而，在这个过程中，传统媒体的从业人数大幅萎缩，而极端主义分子们也选择了技术为他们所用，滋生了可怕的暴力行为。

这是一个更广泛的历史性民主化进程的一部分，重塑了世界社会、经济、政治和地缘政治的相互作用，其发生环境是单一基础之上的非国家行为体增长，以及网络、协同和自组织的便利化。社会媒体和数字革命（包括互联网、移动设备、应用软件）带来的个体和综合影响拓宽了这种转变的范围和领域。在这个过程中，新进入者受到鼓励，带来了更大的认知多样性，包括向技术性颠覆与行为科学有益的方向倾斜。

但是，我们还没有看到在媒体领域的全面影响，更不用说不断增长的其他部门和活动了。比如，至少到目前为止，似乎还没有人能够违反规则去把新内容和原有平台进行经济性整合，而这并非因为没人去尝试。

也曾经有过几次尝试。有些人试图在传统平台上给新内容提供者授权（比如《纽约时报》旗下的Dealbook、《金融时报》运营的Alphaville）。还有新内容从这样的平台中剥离出来，坚信只有离开才能蓬勃发展（比如从《华盛顿邮报》中出走的新媒体网站Vox）。还有一种是有着强大技术实力的传统平台，但没有媒体背景［比如亚马逊创始人杰夫·贝索斯（Jeff Bezos）收购了《华盛顿邮报》］。

在金融服务领域，颠覆现象还处在非常早期的阶段。同样，这个过程也是由个人授权和大数据、人工智能和机器学习能力共同推动的。

2014年，我遇到过几例金融民主化力量重新定义金融服务行业外缘的案例，我甚至还作为投资者和董事会成员参与了其中几个。

最明显的是越来越多具有包容性的“个人对个人”（P2P）和直接的借贷平台的使用，好处是可以绕过昂贵和限制众多的中介机构。结果证明，这种直接将借贷双方联结起来的方式才是更有成本效益的方式。除了应用于消费信贷关系，这也将是未来几年资产管理的特点之一。在某些情况下，整个经济景观的变化会通过为人们提供更好的金融公司和信息，来赋予个人更多的权利，从而减轻他们的生活压力（例如，Payoff就正在努力研究覆盖性更强的“金融人格”和管理方法）。

鉴于我们之前讨论过的关于全球金融危机的后果，外部力量能够发挥作用也就不足为奇了。从饱受信任赤字困扰的银行，到更有利于金融服务的交付，以及更好地与客户成功保持一致的消费者保护法的实施，就是最好的说明。这一点在细分市场的方法上体现得最为明显，商家从顾客的角度去寻找功能缺乏或体验不好的细分市场——就像Ellevate（一家服务于职业女性的公司）满足女性用户的需求、Payoff满足信用卡债务清偿的需求、各种P2P公司满足小企业的需求一样。

这些颠覆，深受一些更进步的机构的欢迎，却遭到了更传统的企业，特别是那些被“自我颠覆”的想法吓住的传统企业的反对，这些传统企业需要加快速度迎头赶上这种趋势，包括量身打造适合自己的新兴数字平台。在这个过程中，金融业将跟随一条已经被技术走过的道路缓慢前行。如前所述，随着时间的推移，这种趋势的预期结果将由一条正常钟形分布曲线变成双峰曲线。

金融民主化现象的好处巨大，而且因其降低了准入壁垒，作用也极其强大。它拓宽了可贷资金的来源和使用范围，降低了管理费用和其他中介成本，改善了最终用户的金融条款。认知多样性的涌入使行业更具活力，鼓励资金供应商不再局限于传统的客户获取渠道，而更专注于提供以客户为中心的全面解决方案。以追求客户的长期成功为导向调整自己的产品与服务的公司，才能取得更大的商业成功。“民主化”金融技术的基础架构越多，就能够越完美地使供应商的优先权与消费者对金融服务和解决方案的真实需求相统一。

当然，也有缺点。一些创新驱动类活动就像未开垦的大荒野一样，它们没有经历过一个经济周期的真正考验。最让人担心的是，P2P平台的滥用以及缺乏监管会促进非法集资活动的增加——从毒品到恐怖主义。

通过行为金融学（即更好地了解认知和心理因素是如何对

金融行为产生影响的学科）的引入以及大数据的运用，颠覆性力量也在帮助行业逐步摆脱对FICO信用评分（由美国个人消费信用评估公司开发的一种个人信用评级法）的迷恋，更关注有利于金融健康发展的分析模型。虽然这些更为全面的模型还不能够扭转经济下滑的态势，但我们对金融思维模式和行为有了更全面的了解，对不同的"金融人格"的研究也为此提供了帮助。

与历史上许多显著降低准入门槛的重大创新一样，人类的自然倾向在最初都是会过度生产和消费当时更容易获得的活动。随着时间的推移，这种行为会慢慢收敛到一个更稳定的平衡状态，但是收敛过程会经历多次的高低起落，并伴随着一系列不可能和无法想象的事件。

第二十八章
综上所述

技术进步总是会给现状带来破坏。但是像现在这种影响领域之广、速度之快、规模之大，还前所未见。

——理查德·多兹，詹姆斯·曼伊卡，乔纳森·沃茨[1]——

当前我们所能看到的情况可以简单概括为，当前基线正在遭遇自上而下的破坏，无论是通过相应的经济、政治和社会宏观力量，还是颠覆性的微观力量。因此，我确信我们正面临着一个重大转变，再强调一次，就是T字路口。

自上而下的力量和自下而上的力量正威胁着由央行继续抑制市场波动带来的长期低增长均衡的一致性基线。这种配置将变得更不稳定，并且随着时间的推移越来越难以维持。作为唯一玩家，央行将会发现实现预期经济和金融目标变得越来越困难。经营环境将变得更加棘手、更不稳定、更加不可预测。

同时，发生彻底倾斜的概率会变得更高，但最终还是会归于均匀的平衡状态。原因十分复杂，不只涉及经济、金融、地缘政治、政治、社会和技术因素等这些我们已经讨论过的领域，还包括创新带来的影响。

现在的创新已经对相当多的既有产业和活动造成了威胁。[2]回到空中食宿和优步的例子上去，这两个公司已经彻底颠覆并重新定义了它们所属行业的经营模式。不要忘了，空中食宿至今都没有建造过一座酒店，然而，这6年来，累计有100万间房间通过它被租了出去；相比之下，希尔顿集团租出70万间客房用了更长的时间中。结果，一套激进的新游戏计划从根本上动摇了目标行业的规则和经营方式。

在需求和供给力量的推动下，这个现象还会逐渐蔓延开去。

在需求方面，如今消费者已经逐渐成熟起来，他们对消费的产品和服务开始期望更多。他们特别强调速度、效率、便捷、互通以及更多的定制性，他们在这些领域的耐心和容忍度越来越少。麦肯锡研究所的研究表明，有近三分之二的新互联网服务的价值都提供给了消费者。

在供应方面，长期存在的进入壁垒和对于库存的定义正在改变。只要想想优步是如何与现有技术相适应，并且改变了一个长期受到保护而提供的服务又差又贵的行业；像四季和喜达屋这些老牌酒店又是如何在看待空中食宿时如临大敌，对它们的传统竞争者则不会这样。事实上，就如同理查德·多兹（Richard Dobbs）、詹姆斯·曼伊卡（James Manyika）和乔纳森·沃茨（Jonathan Woetzel）指出的那样："随着准入门槛的降低，越来越多的小公司开始摩拳擦掌，并且在几个月的时间内迅速形成规模。各部门之间的分界线越来越模糊，数字化能力常常体现了企业和行业的经济价值转变的推动力。"

这种双重性，即自上而下以及自下而上的破坏，使现有的全球经济结构难以维系——特别是考虑到央行本身已经过度扩张的程度，更是如此。随着时间的推移，这个双重性将会让位给全球一级的更极端的结果，而一些更脆弱的地区，比如希腊，也将更早地面对这个紧要关头。

当未来可能出现的结果纷繁莫测时，想要提前做出预测无疑是一种挑战，但无论怎么样也比优柔寡断的人好，这种人甚至都无法做出选择。但是，尽管我也很想极力避免这种情况发生，但要是问我全球经济面临的中期结果究竟如何，我也没办法预测，因为数据不足。而且，更让我崩溃的是，我甚至连这种转变可能发生的时间点都无法预测。但是请各位不要误会：我们正面临着一个重大的转折点，如果遇到好的机会，我们一定要去好好了解。

承认无法预测我们未来的道路，承认无法预测未来转变的时间点，并不是逃避的借口；相反，这是对伯南克主席所说的“不同寻常的不确定前景”的认同。此外，这种状况并不能说明运作瘫痪或者视野狭窄；恰恰相反，它需要我们更加积极地去思考。在这个过程中，它要求我们必须去学习行为科学和神经科学，各个层面——公司、政府、家庭的提升工作变得重要起来，我们前进道路上的可选性、弹性和灵活性的合理搭配也变得复杂起来。

所有这一切的影响已经远远超越了传统实体正在进行的调整范围。更多的灵活的“颠覆者”们将被迫把他们的领导维持下去，而亚马逊和谷歌最近已经证实，他们将会需要偶尔“自我颠覆”的强势立场。面对我们所有人的重要时刻，可能发生的影响不只关系到我们自身，更会影响到我们的子孙后代。

THE ONLY GAME

IN TOWN

第六部分

关于双峰分布

能不能给我找个独臂经济学家！所有经济学家都在说，“一方面（一只手），另一方面（另一只手）”。

——哈里·S. 杜鲁门——

THE ONLY GAME

IN TOWN

第二十九章 历史告诉我们什么

哪怕是在经济景气的时代，想要管理好一个复杂的组织也很不容易。而当不断有人提醒你，你对世界的所有认知似乎都是错误的时候，就会变得更加困难。

——理查德·多兹，詹姆斯·曼伊卡，乔纳森·沃茨[1]——

让我们从一个略显生涩的内容开始说起吧：以T字路口的概念为基础的双峰分布曲线。这个曲线对我们来说不太好理解，却有其合理的科学和行为学原因。从历史经验看，也没有可以参考的先例告诉我们如何应对即将到来的挑战。

在这样的情况下，出色地完成工作的首要条件是要了解我们大多数人会如何做出反应，无论我们是以个人方式还是集体方式存在（比如家庭、公司或者从事政府公职，当然都是在多边层面与来自不同国家和文化的人进行交流）。双峰分布的潜在结果和我们日常熟悉的钟形分布的范式是背道而驰的，钟形分布这种“正态分布”都会涉及一个高可能性的特定结果，也就是结果分布曲线的腹部位置。当然，分布曲线两头都有尾巴，代表极好和极坏的结果，但因其预期概率都很低，所以属于瘦尾。

我们来看一个简单的图表就明白了。比如，你准备搭乘一架下午 2 点起飞的航班，因此，你计划以 2 点为时间节点按时赶到机场，即使你知道飞机有可能会延误（不利的结果，经济学家和市场参与者称之为“左尾”），或者最终按时起飞（“右尾”）。那么现在，要注意一点，虽然你意识到了“尾巴”有可能出现，但它们并不能左右你的行为，这就是可能结果的钟形分布（图 15）。

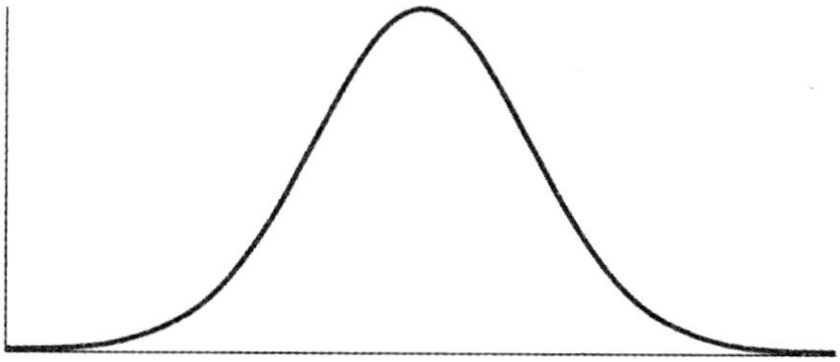

图 15　钟形分布

现在想象一下，如果你提前一天被告知飞机起飞的时间将变更为上午 8 点或者晚上 8 点（也就是下午 2 点的前后 6 小时，见图 16），这种调整对于我们大多数人来说都会觉得很不安，这时，我们需要相应地调整自己的心态并且做出回应。

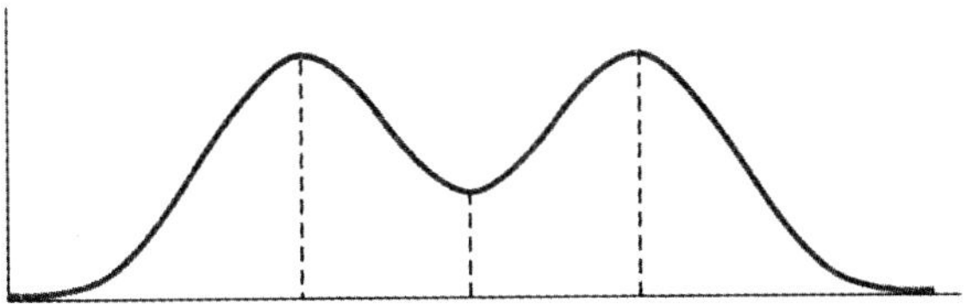

图 16　飞机起飞时间

在这里，用高度简化的术语总结来说，就是经验和理论研究告诉我们，我们可能出现的反应从一个正常的钟形分布变为了双峰分布。为了表述得更简单一些，我把这些反应分为四组。

第一组包含极少数人，他们根本没有把这个调整为双峰分布的飞机时间表放在心上。实际上，它已经被“盲点”排除掉了，这种“盲点”会阻止变化的发生，存在于人们的思考、内化信息能力、对结果的计算以及做出相应反应的过程中。第一组人根本看不到潜在结果的分布变化，他们会继续依照原有范式活动，并且充满信心。

第二组人会承认正态分布已经发生转变的事实。然而，在应对转变的过程中，他们大脑中的内部审议程序将倾向于把不舒服和不熟悉的信息转换成一个感觉更舒适的正态分布结果。回到飞机的例子，这些人将会结合两个可能的飞机起飞时间（上午8点和晚上8点）取一个中间点，也就是下午2点出发!

第三组做的会更好一些，但不是最好的。他们会认识到，转换到双峰形态之后需要调整自己的行动。他们会讨论一下应该怎么做。然而，从计划到实施，他们会陷入一种“惯性”，这很危险——也就是说，虽然准备尝试一些不同的事情，但由于历史惯性的影响，最终结果并没有什么差别。

第四组，也是最成功的一组，会认识到双峰分布需要配合重要的行为和策略方面的调整，并且同样重要的是，他们将及时采取相应的行动。在某些情况下，他们将着手进行制度上和过程上的改变以便完成繁重的工作；他们会计划在两个可能的出发时间点到达，并配合必要的应急措施；他们还会尽力寻求更确定的信息来尽早确认实际的出发时间。

麻省理工学院教授唐·萨尔（Don Sull）是研究动荡市场中企业战略和执行方面的专家，2009年，他来太平洋投资管理公司，和我们分享了几个企业界的有趣事例。

个人电脑革命发生之前，IBM（美国国际商用机器公司）在个人电脑领域占据着绝对主导地位。迄今为止，该公司仍然掌握着强大的品牌技术。IBM每年都会在研发环节部署庞大的预算，原因很简单，利益使然。通过这些标准，它十分强势地主导着个人电脑革命进程。

研究表明，IBM的高管们意识到了个人电脑会带来“颠覆性技术”。他们讨论了相关的各种问题，认识到了在其基本客户大型机客户——中产生双峰结果的可能性，这里面有些人可能永远不会使用个人电脑，而另一些人可能会因为自身新的需求而对大型机升级感兴趣。

其中含义应该很清楚了，但当IBM要重新启动一个战略并落实执行的时候，它似乎陷入了“惯性”的陷阱，它们被更熟悉的历史行为影响了自己未来的行动，而不是果断地转换到新途径中去。

最后，IBM并没有充分重视个人电脑带来的颠覆性，而是把大量的资金放到了大型机的研发生产上。因此，他们被康柏和惠普生吞活剥了。确实，如果没有当初的业务重组，把公司转变为一个服务实体，也就不会有今天的IBM。实际上，IBM已经识别出了面临的双峰分布结果，也有能力去处理好这个问题，但由于以往的辉煌业绩的过度影响，还是以失败告终。

下面要说到的这个案例主角是泛美航空公司（Pan Am）和环球航空公司（TWA）。在我成长的过程中，它们是美国航空业的龙头企业，业务范围主要包括美国全境以及国际航线。但之后，美国西南航空公司带着颠覆性技术——专注运营一种机型（波音 737）以及短途区间航线，也要进来分一杯羹。

在目睹美国西南航空公司凭借颠覆性技术业务逐渐走强，并且开始蚕食它们的市场份额后，无论是泛美航空公司还是环球航空公司，都没有大幅调整自己的行为和策略；相反，他们基本上还继续做着同样的事情。长此以往，它们失去优势走向破产只是一个时间问题。

这些虽然只是个案，但它们讲的都是一个公司努力适应不同分布的潜在结果的奋斗史。

政府也有类似的历史。

我们之前讨论过，从全球金融危机中走出之后，发达国家的政府是如何努力理解他们面临的新的潜在性结果的。他们并没有及时地用长久而具有结构性的因素对传统周期性思维加以补充，也对借鉴新兴国家经验的需求视而不见。结果，尽管危机为发达经济体的政府打开了一扇政治窗口，但它们没能好好利用这个窗口去进行适当的重组和再次投资［奥巴马总统的白宫参谋长拉姆·伊曼纽尔（Rahm Emanuel）曾提出过一句有名的提醒："不应该让一个危机白白浪费掉"］。

上述案例中的每个主角，需要的是一种更为审慎、全面和开放的态度，而如何去实现转变，从本质上来讲都大同小异。

企业和政府的判断和决策，是由传统的、熟悉的、令人舒适的思维过程驱动的——这是一种相对简单的选择，包括走捷径的分析方法、允许从过去的经验中吸取教训等。不幸的是，这些不是我们所需要的，它们根本没用。

丹尼尔·卡尼曼（Daniel Kahneman）是一位心理学家，但因其在经济学方面的卓越成就，曾获得过诺贝尔奖。他曾经写过一本畅销书《思考，快与慢》[①]，里面就有提到过上述现象，其中特别涉及我们应该如何以不对称的方式对待两种思维方式的相关内容。[2]

很多时候，当说到我们日常生活的这个世界的特点时，其中之一就是预期结果的钟形分布的概念，我们头脑中自动的直觉力（丹尼尔称之为“第一系统”）[3]占有统治地位，而且绝大多数时候，这种直觉力的表现都很不错。

但是，如果第一系统不能与我们的“控制、协商、分析思想”（丹尼尔称之为“第二系统”）相结合，会导致我们迷失方向。这种“不急、努力、权衡”的思想系统提供了一套检验和制衡的方式，这在不断变化的世界中显得尤为重要，特别是在

① 丹尼尔·卡尼曼. 思考，快与慢［M］. 胡晓娇，李爱民，何梦莹，译. 北京：中信出版社，2012.

尾端事件出现概率越来越大的现在。

丹尼尔·卡尼曼警告我们说，我们都太过于依赖第一系统，毕竟，对比第二系统的“笨拙”（但很重要的一点是，它能够指导我们完成复杂的活动），在这种思维模式下“无论做什么事情都是自然而然的反应，轻松自在”。

与第一系统的自然而然比起来，第二系统需要进行自我投资和维护，是靠教育和分析意识不断得到增强的。只有在这种情况下，“捡起来就意味着我有可能会犯错误”。[4]

我们需要弄明白整个过程中的动力来源，我们需要理解何时启动第二系统的重要性。通过对社会科学和行为科学的学习，能帮助我们进一步研究未知的经济领域，更有效地应对盲点和偏见。

第三十章
认识盲点，克服偏见

生存下来的物种不是最强壮的，也非最聪明的，而是最能够适应改变的。

——查尔斯·达尔文——

对于我个人来说，无论是作为全球公司的首席执行官还是自豪而快乐的父亲，我遇到过很多关于偏见的例子，有意的无意的都有，这些偏见阻碍了个人和集体潜能的充分发挥。[1] 在这个过程中，我对于偏见在精英文化中的破坏作用尤为敏感。

许多人，包括我本人在内都坚信，对于包容性和多样性来说，有许多非常强大的商业和社会案例可以证明这一点。如果不能抛开性别、种族、文化、性别取向和观点上的歧视去充分接受并重用人才，公司和国家都不可能实现其变现潜力。要做到这一点，他们需要不断鼓励人们去思考对于挑战的想法；否则他们就会在不经意间被有害的偏见所挟持，最终尝到无知带来的苦果。实际上鉴于之前所有的那些研究成果，可以得出结论：如果你无法解决这些问题，无论什么时候，都难以去追求多样性。

这些都是在一个稳定的世界中的重要考虑因素，尤其当流动性成为关键性的决定力量时，这些因素变得更加重要。对于个人、家庭、企业和政府来说也同样如此，特别是对于一个正在走向T字路口的世界来说更是如此。

在我看来，只有当你突然意识到犯下愚蠢错误的风险并且最终成为绩效导向型群体的一部分时，才能以最敏感的态度面对在更广泛的包容性和多样性上的困难。在过去几年中，我就有几次发生过这样的情况，包括我在晋升评价委员会中任职的时候。

在一次评估晋升的会议上，我们的一个亚洲团队表现出色，但内部沟通能力还需要提高。对此，我们高级管理小组始终犹豫不决，考虑为了给最终人选一个提升内部沟通能力的机会，是否要将这次晋升推迟到至少一年之后。这时，评估小组中的一位同事明智地指出，如果仅仅强调英语的沟通技能，无疑是用一个狭隘的视角去看待那些表现杰出的同事，因为他们绝大部分的日常工作是需要使用日语来完成的。毕竟，如果我们自己被调到东京工作，又有多少人能够按照要求和日本客户进行良好的沟通呢？

这个重要观点立刻让我们意识到，在文化偏见的驱使下，我们无意中采取了狭隘观点。毕竟，我们不会反对在英美以外国家工作的英美裔外籍同事晋升，仅仅因为他们不会使用工作国家的语言。

我们险些铸成大错，这可不是一般的错误，而是和我们公司的精英文化以及“积极的偏执性”品牌文化相违背的错误。哪怕我们已经开始致力于提高认识、尽量避免这种事件的发生，这样的事情还是发生了。

这给当时在会议室中的相当一部分人带来了不小的心理冲击，我们认识到，就在我们鼓励并承诺员工说公司的企业文化是以绩效为中心并追求卓越结果的时候，却险些因为我们无意识的偏见和不经意的盲点，让优秀员工遭受不公平的待遇。

事实上，即使通过对意识的培训，我们也可能不会像我们想的那样，认为自己是完全中立的。此外，已过时的但仍然具有社会操纵性的力量根深蒂固，会对我们的过程和决策造成影响。

马扎林·贝纳基（Mahzarin Banaji）是哈佛大学心理学系社会伦理学教授，她关于这个问题的著作和演讲对我产生了巨大影响。她在文章中详细阐述了无意识的偏见和盲点是如何发挥作用的，甚至一些有识之士和成功公司都在这个问题上犯过错误。幸运的是，就像安装在汽车后视镜外面的减少视角盲区的小灯一样，马扎林 · 贝纳基为尽量减少潜在损失提供了工具。

通过与华盛顿大学的安东尼 · 格林沃尔德（Anthony Greenwald）教授共同努力，马扎林 · 贝纳基集几十年的研究写成《盲点：好人的潜意识偏见》① 一书，书中说明了为什么我们多数人都有盲点，为什么会陷入无意识的偏见。[2] 其解释令人信服，而且不涉及价值评判。实际上，这和人的好坏无关，主要涉及我们大脑的构造方式，包括我们的进化方式、我们童年时代所受的影响、我们经历过的互动方式以及我们处理框架性问题的方式等。

个人和集体可能会因此遭受到巨大损失。换句话说，被放弃掉的机会也是有成本的。举个例子，在对 1 000 项主要商业投资业务的研究中，[3] 麦肯锡研究人员发现，当回报率为 7 个百分点时，能够更好地支持企业在消除偏见的影响下努力工作的决策过程。

---

① 马扎林 · 贝纳基，安东尼 · 格林沃尔德. 盲点：好人的潜意识偏见［M］. 葛樱南，译. 北京：中信出版社，2014.

在公司之间及随后的决策过程中，有许多关于压制偏见的建设性对话的有趣案例。谢丽尔·桑德伯格（Sheryl Sandberg）和亚当·格兰特（Adam Grant）在《纽约时报》的“女性与工作”专栏中讨论的一些问题，我觉得很多人都曾经在盎格鲁·撒克逊企业文化中遇到过——常常是无意中的（但有时也是故意的）群体行为，压抑了女性在会议中表达观点的自由，即使她们真的有重要意见要说也是如此。

谢丽尔·桑德伯格和亚当·格兰特指出，“我们看到这种情况一次又一次发生，当女性在专业场合中发言时，表现得如同走钢丝一般小心谨慎。要么根本没人听她说什么，要么就批判她太咄咄逼人。而当一个男人说出一样的话语时，听众都会忙不迭地点头表示赞赏。因此，女性往往决定少说为妙。”[4]

谢丽尔·桑德伯格和亚当·格兰特通过观察指出，这种现象不仅存在于企业界，耶鲁心理学家维多利亚·布莉丝柯（Victoria Brescoll）的研究表明，美国参议院中也存在类似现象。

在这两种情况下，补救行动最少包括两个步骤：第一，要认识到这是一个必须要解决的问题，否则它将继续破坏集体的有效性；第二，要确保经过深思熟虑的步骤实施的效果。在这种情况下，会议的主持者需要对不同的与会者的发言时间心知肚明，为他们培养一个安全的环境。

来自家庭的影响也很大。研究表明，对于女孩和妇女来说，无论是公开的还是隐秘的偏见，都与家庭暴力、少女怀孕、未成年人结婚、营养不良、婴儿死亡率以及严重棘手的贫困问题呈现正相关的关系，在发展中国家尤其如此。

这不仅会对妇女和女孩造成伤害，家庭也同样会遭到破坏，从而会扩大社会成本。

在所有这些事例中——无论主角是个人、家庭、公司或政府——解决方案都会涉及理解、教育、宣传和果断的行动。否则，惯性的力量太强大，会难以克服，行为也不会改变。

几年前，我曾发表过一篇文章，写的是关于我女儿的经历，那时她才 9 岁，在文中我说："我从没想过，在我的孩子幼年成长阶段出现性别偏见的时候，我会犯错误。我错了。"[5]

在 2013 年的一次学术夏令营中，我女儿选择的演讲主题并不是以往她很喜欢的科学类，而是"古代文明"。最初她告诉我她这么做的原因是出于对历史的兴趣，想了解更多关于埃及的知识。但这个理由似乎并不充分，在我的一再追问之下她才回答说，因为在以前的科学课上，她是唯一的女孩，所以她这次才选择了一个在课堂上性别更加平衡的主题。

我承认，由于当时缺乏足够的敏感度，没能看清楚过时的力量仍然发挥着重要的作用，放任了有害的刻板观念的传播。

所有这些错误都在不断警醒着我虽然强化意识很有必要，但还不够。你需要对不断死灰复燃的过时偏见时刻保持警惕，而在一个团队中鼓励认知多样性才是最好的办法。

第三十一章 认知多样性的推进和提高

力量来自差异，而非相似。

——斯蒂芬·R.科维——

认知多样性的商业原理已经得到大众的认可，在绝大多数情况下，不同的意见有助于更好地理解问题。通过一个适当的结构化过程，不同的观点可以带来共同的决策结果，远比基于个人决策的效果好得多。

在思考这些问题时，斯科特·佩奇（Scott Page）的著作对我产生了重要影响，他是密歇根大学政治学、复杂系统以及经济学方面的教授。在他的著作中，他将理论基础与实际的普遍的事例相结合，为做出更好决策提供了重要的、具体的以及具有操作性的视角。[1]

斯科特·佩奇认为，追求有效包容和多样性比仅仅强调个体决策能力提高要有用得多。他的研究表明："个体集合体配合不同工具的使用，在解决问题和任务预测方面，效果要好于'高'能力个体的集合。"由此，他得出了一个简单但很有说服力的结论："多样性可以提高底线，甚至比能力更加重要。"[2]

其原因就在于"一加一大于二的效果"，或者是"把工具组合起来的作用要好过单独使用各个工具的作用"。一个关键传导机制一般都会涉及人们在解决问题时使用的不同观点，特别是和正确的"直觉"相结合的时候。

正如斯科特·佩奇指出的，"持有不同观点的两个人正好可以检验不同的改进方法，增加创新的可能性。"同时，一些会影响到人们寻求解决办法的行动方法也会为他们提供有力补充。再次强调一下，多样性问题作为多样性探索，"可以识别出不同的潜在解决方案，增加取得突破的可能性"。[3]

这并不意味着追求多样性就应该以牺牲能力为代价；相反，它需要的恰恰是和能力的正确配合。毕竟，这是两个正相关的因素。只有当你不去故意限制你的搜寻范围的时候，特别是克服了偏见和盲点之后，你的才华才更有可能得到保护。

和唐·萨尔一样，为了把生涩的概念变得形象生动，斯科特·佩奇也和读者分享了许多日常生活中的例子。这些例子都说明了“从多样性的角度看问题，以多样性的探索去寻找解决方法，团队和组织就能够获得更多的潜在创新”。[4] 此外，“一加一大于二效果”的特点意味着作为一个整体产生的影响要大于各个部门效果的加和。

认知的多样性在鼓励非线性思维方法方面也发挥着关键作用——这种思维方式对于我们即将面对的T字路口选择非常重要。《财富》杂志主编帕蒂·塞勒斯（Pattie Sellers）和谢丽尔·桑德伯格是两位非常有影响力的思想家，在谈到女性面对的职业阻碍时，都表达过一样的观点——忘掉晋升阶梯，把职场当作攀爬架。

梯子和攀爬架之间的区别非常重要，这是一个人、公司和政府都要引起高度重视的问题。攀爬架具备更多探索性、选择性以及更大的成功机会；同时，它也是更强劲的驱动力，能促进团队间的更好合作。[5] 谢丽尔·桑德伯格在她的著作《向前一步：女性、工作及领导意志》① 中写道，“攀爬架为在它之上的许多人提供了视野，而不仅仅是为处于顶峰的人；但如果是一个梯子，大多数攀登者都会被困在上面人的屁股下面。”[6]

当家庭、公司和政府开始培养和利用认知多样性的时候，

---

① 谢丽尔·桑德伯格.向前一步：女性、工作及领导意志［M］.颜筝，曹定，王占华，译.北京：中信出版社，2014.

他们就会做得更加出色，而这样做的最好方式就是提高个人对多样性的理解，了解多样性是如何通过提高意识、解决问题、预测和创新来帮助我们取得更大的成功的。通过这个，集体也会得到更好的支持和指导，从而使个人和集体更有可能发挥他们的潜力。

除了展示认知多样性的力量和它对取得出色结果的重要性之外，斯科特·佩奇还驳斥了有些公司的错误认知，它们总是觉得为了具备多样性就不得不牺牲掉什么东西，事实当然不是这样。

有越来越多的公司正在明白这一点。有些多样性是由科技驱动的，也有些多样性是由这些公司本身想要不断生产更卓越的产品的欲望推动的。公司越具有全球性，就越会认可多样性有助于更好地服务于不同客户。多样性现在几乎已经成为最具创新性公司的特征之一了。

话虽如此，从认识到真正发挥效用还有很长一段路要走，公私部门都是如此。事实上，正如前面所讨论的，有些多边机构本应通过其架构和使命实现对包容性和多样性的极度敏感，但直到现在仍然坚守过时的观念和封建习俗。

很多人都忘记了，想要真正利用好认知的多样性，需要的不是对基于价值的多样性（包含在性别、种族、文化、年龄等之间的更好的平衡）口头上的支持。这样做的理由很充分（尽管也令人沮丧），我在本书中提到过的每个人都在一遍又一遍地强调着：我们需要重点关注这个领域的工作有效性。做到这一点绝非易事。

第三十二章
把意识转化为可选性、弹性和灵活性

勇敢些！我对经济萧条司空见惯，美国恰恰就是从这些萧条中振作起来而且变得更加强大和繁荣的。像你面前的父亲那样勇敢。充满信心！前进！

——托马斯·爱迪生——

许多研究学者，包括贝纳基教授、格兰特、卡尼曼、佩奇、谢丽尔·桑德伯格、安妮–玛丽·斯劳特（Anne-Marie Slaughter）以及其他在这个问题上的敏锐观察家们，为我们提供了各种工具，帮助我们提高多样性，减少由于偏见和盲点造成的决策和判断失误。这些工具包括行为调整的各种因素，比如沟通、人才开发、绩效衡量、绩效评估等，还涉及观点和启发的正确结合，以及强有力的支持系统。

当你觉得已经胜券在握的时候，这些工具也非常重要。历史表明，有太多这方面的努力难以维系或者进展缓慢，特别是在刚开始的时候。反馈不仅是碎片化的，而且通常是滞后且不充分的。而且评估周期的中途修正还会不断产生需求，所有的努力将面临由顽固无知的团队造成的脱轨风险。

此外，我们还很容易犯只说不做的错误。常常说得天花乱坠，比如要提高认识、要保证做到，但真正行动起来又是另外一回事了。

高级管理层的关注和敬业精神是企业成功的关键条件，但会受到企业其他特性的影响而分心，这种情况是真实的、可察觉到的。当这种情况不断出现的时候，公司中其他职位较低的员工就会开始对包容性和多样性的严重性和有效性失去信心。

所有这些见解都可以归结为给人们提供了一个“安全地带”，可以畅所欲言、检验不同的方法和过程、有建设性地进行互动。目的不仅在于鼓励运用不同观点去判断和解决问题，也是为了打破障碍、交换观点。在这个过程中，个人和团队都会发现，哪怕超出了个人和集体的舒适区之外，运作起来也变得更加自如，而这个舒适区往往会在不经意间过度限制和压抑正确的决定和判断。

它还关乎利用结构去对抗反对变化的教条力量，而且更糟糕的是，那些教条势力通常会不自觉地反对变化发生，其实说到底，是害怕变化发生。简单来说，就是要确保那些主持大局的人能够对偏见和盲点带来的危害更为敏感，能够提出不同的观点。组织竖井和周期性绩效评估流程要能够确保培养并促进认知多样性的形成。一些咨询公司可以帮助我们获得更多见解以及价值。

在整个过程中，评估是关键环节。埃里克·施密特（Eric Schmidt）和乔纳森·罗森伯格（Jonathan Rosenberg）合作撰写了畅销书《重新定义公司：谷歌是如何运营的》①，书中指出，"绩效管理应该由数据驱动，应该以建立精英管理为唯一目标。虽然没人能强迫你去抛开对性别、种族、肤色的偏见，但你评估他人的方法应该是以实证为依据且客观的，无论他们来自何处，无论他们样貌如何。"[1]

其实说到底，就是要充分给予人才发挥的空间，无论他们是年轻还是年长、初级还是高级、成长背景是传统还是现代；不要总是因为事出紧急而忽视了重要的东西，尤其是这个紧急的事情可能并不重要的时候。

要用更加开放的心态去接纳外界观点，包括邀请外部人员

① 埃里克·施密特，乔纳森·罗森伯格，艾伦·伊戈尔. 重新定义公司：谷歌是如何运营的［M］.靳婷婷，译.陈序，何晔，校译.北京：中信出版社，2015.

参与进来——邀请的标准不是我们对这些人的评判如何，而是他们的思考方式是否有不同之处。还要愿意去聆听不同意见者的声音，这一点更难做到。这种方法特别有助于摆脱有害的群体思维，推动集体远离舒适但效率低下的方法。

鉴于目前的情况，传统的占据主导地位的统治者和结构面临着自上而下的挑战，积极采纳外界观点的重要性越来越大。至少，现代化核心竞争力的提高需要超出历史和已有方法的狭窄范围之外的标杆管理；如果没有，几乎不可能做到及时的“自我破坏”。

这又是一个多重均衡动态相当重要的领域。公司在追求多样性上面取得的成功越大，就会有越多的人找到工作、得到培训和晋升机会。

谷歌公司就是如此，它的招聘方法引起了很多人的兴趣和关注。

谷歌高管们曾经反复强调，公司重视的不是那些从名校出来的绩优生；相反，公司的繁荣发展是因为那些“无法通过教育获得的见解”。所以，谷歌视多样性和包容性为珍宝。毕竟，“伟大的天才们通常看上去和我们都不一样，在你走进面试间前，请先在门口检查一下你头脑中的偏见，专注于这个人是否具有激情、智慧以及取得成功的性格。”而且这种观念不应该只存在于招聘过程中，“在进行员工管理时也应该如此。”[2]

可喜的是，这种干预行为不一定总要涉及大量资源。具体而言，“……‘推动技术’或鼓励人们在关键时刻采取行为方式略有不同的干预可以带来更大变化。关于行为模式的一次简单的公开谈话，就可以使人们意识到自己的潜意识。”[3] 从更广泛的人群中去收集反馈意见也会带来很大帮助。

我在太平洋投资管理公司工作的那段时间，会参加一些周期性的非正式会议，这些会议通常规模很小，参会人员都是随机选择的同事，我从中受益良多。在试探性的开始之后，与会者会把自己的想法、建议甚至焦虑都拿出来分享，会议的环境都是相对私密的。而当会议结束时，人们都会对问题有一些新的认识（这些见解对于我这个首席执行官来说更为宝贵），每一位参与人都会被鼓励分享自己的想法，无论职位高低。

我曾经和一位非常优秀的女士有过几次交流，她拒绝来太平洋投资管理公司工作，这给我留下深刻印象，至今难忘。她来应聘时，我是面试官之一，对她印象很深，而且我和其他面试官当时都相信她一定会来这儿工作 。当我听说她拒绝了我们的工作邀请之后，我给她打了个电话，我强调说我并不是想改变她的想法，而是想加深我们对公司面试过程的了解。我问她不来的原因，她解释说，公司和同事都给她留下了深刻印象，但在几次面试过程中，她注意到围坐在桌子边的面试官全都是男性，这表现出来的是公司缺乏足够价值多样性的信号。

这个解释着实让我吃了一惊，并且深深陷入苦恼之中，怎么会这样呢？

我打电话给人力资源部，询问我们是怎样确定参与面试的面试官名单的。我得到的回答是，我们会选择在技术评估、文化适合度以及工作经验方面最出色的同事，也会特意选择来自不同部门的同事。我继续问，如果一旦确定了面试官名单，是否还会从偏见以及过度同质化的角度再审核一遍，比如性别、文化、种族等。从那时开始，我们变得格外注意这个方面。

在把意识有效地转化为行动的过程中，需要根据应用案例的特点来调整我们的方式。以太平洋投资管理公司的情况为例，我们总结了以下 7 点我们感觉特别重要的见解：[4]

1. 要明确以价值为基础的、支持多样性和包容性的论点。

2. 你从外界学习到的研究和经验，要根据情况进行调整。

3. 解决我们每个人都无法避免的无意识的偏见。

4. 警惕由于过度关注指标而产生对的“勾选框”心态。

5. 认识到与其他形式的多样性一样，性别多样性在日益复杂的全球经济形势下同样至关重要。

6. 作为一名首席执行官，要具备主动精神，在同事面前时刻准备承担责任。

7. 最后，不要让当前的成功蒙蔽了未来更大的成功。

第三十三章
情境分析的力量

关键就是要找到一种在不毁灭我们自身的情况下去实践的核战争。要让计算机从那些我们犯不起的错误中吸取教训。

——《战争游戏》——

对于那些有兴趣去识别和克服盲点以及无意识偏见的朋友，我建议你们运用内隐联想测验（Implicit Association Test，简称IAT）方法读一下马扎林·贝纳基和安东尼·格林沃德（Anthony Greenwald）的《盲点：好人的潜意识偏见》。这对于"探索我们之前可能意识不到的，以小组为基础的偏好、固定印象和一致性"来说是很有效的办法。[1]情景分析以有效地提供了其他工具作为补充，而我发现这些工具特别有用，尽管长期以来，家庭、公司、政府和多边机构等都没有好好利用它。

情景分析的对象是“要是……就会怎样”的世界，它将我们的思维向外延伸，不再仅仅关注我们自然倾向会关注的那个最有可能的结果。根据定义，它会涉及投入大量的资源、时间和努力去实现那个可能永远不会实现的可能；但当再次涉及可能永远不会发生的详细的危机坏境时，其成本会非常高。

这个观点我理解，但我觉得它忽略了第一类错误和第二类错误之间的平衡。是的，考虑也许永远不会出现的多重危机（第一类错误）要付出昂贵的代价，但如果从不考虑这些危机（第二类错误），付出的代价会更大。

在采取这种方式的过程中，给我带来重大影响的不仅包括之前15年在货币基金组织的工作经验——那时进行棘手的危机管理简直是家常便饭，而且还有2008年9月雷曼兄弟倒闭时的经历。

人们常规性地认为，太平洋投资管理公司一定能够预测出雷曼公司倒闭。毕竟，绝大多数客户不仅避免了大量损失，而且还跑赢了大市。

每当面对这种观点时，我（和其他人）都会迅速指出，我们当时并没有预测到雷曼的失败。我们只是比别人做出了更快更好的反应，因为我们之前已经进行了一系列情景分析，并且制订了详细的应对计划。

我至今仍对2008年9月的那个周末记忆犹新。政府官员和银行家们齐聚纽约联邦储备银行大楼，准备召开会议。而我们太平洋投资管理公司的一群人坐在位于加利福尼亚州纽波特比奇的公司总部的投资委员会会议室里，海外分部的一些同事通过三个大屏幕加入了视频会议。桌子上铺满了各种纸张，边上都是装甜甜圈和比萨饼的空盒子。最重要的是，白板上详细写满了下周一开市时可能会出现的三种情况。

根据我们当时的判断，最有可能发生的情况就是2008年9月贝尔斯登危机的重演——意味着如果雷曼兄弟倒闭，将会有一个拥有强大资产负债表的银行接手。不仅可以不用违约，而且还会逃过系统中断这一劫。

这个情况是我们能接受的底线。之后《纽约时报》的一条消息说，伦敦巴克莱银行确实在考虑扮演6个月之前摩根大通之于贝尔斯登的角色，这就更加增大了这种情况出现的概率。但我们并没有把注意力完全集中在这个潜在结果上面。我们也在问自己下面两个问题：如果我们预测错误，那会是什么样的错误？如果有一个以上的错误是无法避免的，那么哪个错误是我们犯不起的？于是，这引导着我们又制定了另外两种情景方案。

我们预测的次高概率结果是雷曼兄弟以有序方式倒闭。毕竟，当局和我们一样，都很清楚雷曼兄弟的影响力。鉴于金融危机对经济增长和就业的巨大负面影响，其蔓延才是真正风险。正因为如此，我们也看到了另外一个潜在结果——雷曼兄弟的无序倒闭——即使这在我们心中是最低概率的结果。

最后，在我们制定的三个方案中，最终成真的居然就是那个概率最低、成本最大的可能性。尽管我们错误判断了出现概率（在公私部门中，大多数人都判断错误了），但我们能迅速恢复并保护我们的客户的投资组合。

在暴风雨来临前，我们已经讨论过了最坏的可能性，并且冷静地制订好了行动计划。这个计划非常详细——从安排谁去给雷曼递送倒闭通知，以便我们可以在其他地方对某些职位进行快速重组，到非常仔细的现金和抵押品管理，都列举得十分清楚。

接下去那个周一的一大早，我们就实施了这个计划。我们抢占先机，维护了客户的巨大利益。这不仅因为我们心态更好，更因为我们明白要以攻代守，不能只绝望地被动防御。

虽然我们在概率分析上犯了错误，但由于超前分析和相关行动计划，我们得以迅速扳回一局。这就让我们除了保护好客户委托资金之外，还能够做更多的事情，比如利用好市场后进者的恐慌情绪开发更多的机会。

有一件事让我特别惊讶，就是那时候几乎没人愿意花点儿时间去提前思考一下，如果发生不同情况该怎么办，当然更没人分享太平洋投资管理公司“建设性偏执狂”的企业文化了。更让我跌破眼镜的事情还在后面。就在雷曼兄弟破产几天后，我接到了一个苦恼的朋友的电话，他就职于另外一家投资管理公司，他的公司因为雷曼的无序倒闭而陷入瘫痪，而且也没有一个业务分析框架，导致业务量一落千丈。同时，由于流动性得到了密切关注，更放大了他们的投资组合定位面临的困境。

当然，并不是所有的场景分析都能成功。仅仅几年之后，鉴于当时欧元区的情况，我们制定了一份更加详细的方案。这份方案的分析更加复杂、难度更大，比如，要如何在各种压力情境下回到各国使用各自货币的状态，各国不同的法律条文和管辖权又会带来什么样的影响，除此之外，这里面还会涉及更加复杂的相互联系和依存的关系。

我们欧洲区的同事牵头制定了相关方案，并倾注了大量时间和精力——只是为了有备无患。后来，有人认为这种行为纯粹是浪费时间。从严格意义上说确实是这样，因为这个方案最后并没有派上用场；但这仍然是必要的准备。

当时的情况是，欧元区已经面临崩溃的边缘，特别是2012年7月的最后一周。但由于欧洲央行的大胆回应，避免了混乱。因此，我们辛辛苦苦完成的分析方案相当于白忙一场。然而，它们也给我们提供了重要的分析框架，当然，还有处理类似这种重建关注的事件（比如2015年，希腊退欧和希腊意外造成的恐慌情绪再次卷土重来）的经验。

在极端事件发生前的平静期就做好充分的情景分析，总好过等有了风吹草动再去应对。那时候为时已晚，就算有惊喜发生，也可能因为处理不当而弄巧成拙。就像好不容易中了彩票，得到一大笔钱，几年后却落得破产的下场一样。

心理研究的结果也表明了情景分析工作的有益之处，研究自然主义决策的著名心理学家加里·克莱因（Gary Klein）就曾在他的著作中谈到这个问题，他的观点被运用于军队的指挥和控制方针中。丹尼尔·卡尼曼的创新工作中也对此有所涉及。

引用之前著作中的话，“前瞻性的后见之明——即想象事情已经发生的情况——能够把对未来做出正确预估的概率提高30%”，加里·克莱因和同事们“运用前瞻性的后见之明去设计方案，有助于项目组在项目开始之初就能进行风险识别。”[2]

直觉简单而强大，有助于我们提高认知警觉，冲破阻碍进行更广泛的思维，提高能力以降低故障概率。

相对于事后反思，商业环境中的提前反思是在项目启动时就进行的，而非在结束后，这样做的好处是，项目得到的是提升而不是“尸检”。这种情景分析方法的结构假定尾部事件（也就是小概率事件）已经发生，并且在寻找原因。具体步骤包括事件识别、原因推断、初始行动计划确认、定期评审。[3]

第三十四章
评估流动性

当你不需要流动性的时候，事情会倾向于流动；当你急需流动性的时候，它反而不流动了。

——霍华德·马克斯——

2008年，许多公司和投资者都发现了一个令人痛苦的事实：你对流动性越渴望，它就越难以捉摸。放眼未来，无论是出于结构原因还是业务原因，我们都有充分的理由相信，如果未来市场一旦遭遇重大寒流，流动性仍然会呈现不均衡的发展状况。然而，金融投资者对流动性似乎并没有充分重视起来，即使是在现在，很多公司仍然倾向于把大量现金放在自己的资产负债表上。

金融投资者们之所以会对流动性如此不重视，主要有以下两个原因：首先，投资者们总是习惯于相信央行能够逐步恢复市场正常化；其次，相对于其他部署资金的方式来说，流动性通常意味着会放弃一部分收入（以及可能的资本增值）潜力，造成“负盈利”。举个例子，你手里的现金本来可以投资于高收益债券，带来4%~5%的收益，但由于受制于许多风险因素，你只能干等着，结果一分钱也没挣到。

这些观点尽管是对的，但实际情况却不应该因此而被混淆。此外，央行一直致力于抑制市场波动和人为推高资产价格，它在“唯一玩家”的这个位置上待得时间越久，企业在有效性和经营自主权上的风险就越大。

但这并不是说，金融投资者应该尽快平仓变现。毕竟，我们之前已经讨论过了，潜在结果的分布呈现的是一个双峰曲线，无论好结果还是坏结果，都具有一个相对高的概率。我们需要的是能和这种分布方式相适应的流动性定位。在2015年春天，也就是我写这本书的时候，定位方式包括以下几种类型（如果说得有些过于技术化，我先道个歉）：

- 定位于“流动性市场”，限制购买任何一种曾经突然丧失流动性的证券——这种例子有很多，包括（但不限于）新兴市场企业，这属于特定资产类别的中断和特定冲击。比如国家主权遭受到西方制裁和油价下跌的双重冲击的俄罗斯的公司，或者深陷石油公司丑闻中的巴西公司，想想它们的情况如何。

• 以质量为基础进行贸易，交换一些投资级的高收益敞口，比如，倾向于主权敞口以利于信誉更加健全。

• 不要只专注于曲线的腹部。相反，要采取一些高风险和低风险并存的杠铃式投资组合——即积累更多的现金以及短期优质政府债券，同时，把一小部分钱投入到交易行为不太活跃但包含新机遇的区域（比如直接贷款）、直接采购基础设施以及新兴世界中的完善的市场。

• 当谈到交易行为高度活跃的市场中的投资组合定位时，要认识到具有行业特性和安全特性的投资组合的差异化，因为这个和市场定位比起来，更有可能成为风险调整回报的潜在来源；如果你非要选择后者，先想想锐联资产管理有限公司首席执行官罗布·阿诺特（Rob Arnott），为了获得更聪明的被动曝光所做的那些工作再说吧。同时，投资者需要提高对特定事件的敏感度，包括并购机会以及使用颠覆性技术的新兴公司等。

相应的，围绕这些考虑因素也有4个潜在的更具争议性的观点。

第一，在重新分配资产类别的风险过程中，投资者不应该急于为了估值而尝试去私人市场进行私募股权。这个时候，除了少数行业（比如，比较新的技术行业）之外，这个领域精明的投资家将会开始利用现有的投资立场来赚钱了。最终用户们需要开始考虑等待更好的“好年份”出现了。

第二，投资者需要提高自己的能力以获得相对和绝对定位。本书在写作之时（2015 年春天），正是外汇市场的关键时刻，相对于新兴市场货币，美元正在进一步走强。[1]

第三，在调整这种相对定位的过程中，投资者需要记住，不同主题所隐含的市场前瞻性的行动往往会使制定政策变得更为复杂，特别是当它涉及货币的大幅波动时。而在现在这种潜在结果的双峰分布现象不断增加、过渡期间券商流动性的利用率低的情况下，情况更是如此。政策失误和市场失误都在不可避免地越来越多。

第四，这一切使得关于被动和主动投资的争论变得更加微妙，同时减少了很多极端的意见。它不再是一种非此即彼的情况，财经媒体上的讨论会让你更加相信这一点。这更多的是关于寻找到正确平衡点的问题：当投资者的信心和基础无法战胜群体智慧时，当结构缺陷不能再对基础广泛的风险暴露造成破坏性影响时，要进行聪明的被动暴露；但同时，也要愿意通过

“极可能发生”的交易、相对定位，以及以风险管理为动力的投资组合覆盖来进行适当的偏离操作。

再说最后一个观点来作为本章的结束吧：科技进步赋予并保证了个人和集体的能力，因此，智能通信手段对于管理好这个世界来说至关重要。各个层面——无论是政府、公司还是家庭——都面临着挑战，要去理解下一代人对于在线交流的期望和需求，除了理解，我们还要参与其中，以富有成效的方式去赋予他们各种合理的权利。

很多人自以为已经理解了智能沟通的需要，但他们通常的做法是在推特（Twitter）、领英（LinkedIn）和脸谱网（Facebook）上注册一个账号，而这仅仅是万里长征的第一步而已。具体地说，这并没有完全反映出新一代人希望随时随地、通过各种渠道去实现参与感的渴望；这代人眼中的交流是双向的，有表达自己的权利，同时也有提供反馈的自由。

当今世界，绝大多数情况下，“无偿媒体”将会慢慢主导“付费媒体”，给人们和结果带来影响。大环境使然，竞争者们之间也失去了进行开放式讨论的大量机会。付出的代价不仅是失去业务，也会提高极端主义意识形态的操纵风险，使心智脆弱的人陷入充满暴力的生活。

THE ONLY GAME

IN TOWN

第七部分

最后总结

没有怀疑精神，没有科学的严谨性，医学就无法成为科学，其发展就会停滞不前。

——菲利普·泰特罗克，丹·加德纳——

THE ONLY GAME

IN TOWN

第三十五章
总　结

成功不是终点，失败也不会致命：它是继续前行的勇气。

——温斯顿·丘吉尔——

经济学家和政治哲学家们的思想，不论是在对的时候还是在错的时候，都比一般所设想的要更有力量。的确，世界就是由他们统治着的。讲求实际的人自以为不受任何理论的影响，其实他们经常是某个已故的经济学家的俘虏。

——约翰·梅纳德·凯恩斯[1]——

试着想象一下，你现在是一名老师，新学年开始的时候，你得知这届学生的平均潜力会高于往年。听到这个好消息，你自然觉得开心，因为起码可以证明这些学生会更用功、更努力。但是，你随后又得知，这个班的情况还挺复杂的，好学生的成绩越好，差学生就会越不服管教，而且还有几个破坏力极

强的捣蛋鬼。更倒霉的是，全年的课程安排好像都不能让学生们提起足够的兴趣来。

突然之间，你对未来一年的教学开始不自信起来，但是课都已经排好了，你也无能为力。你的希望是，不管怎么样，好学生能把全班拉一把；你的担心是，差学生会拖累全班今年的教学进度；你的恐惧是，那几个捣蛋鬼会不断妨碍别人的学习。此外，你还把自己辛辛苦苦几年建立起来的声誉作为赌注全部押了上去。

这个简单的例子就是我们现在的处境的真实写照，复杂的问题不只是全球经济中的央行面对的，还包括我们自己。全球经济市场中的系统性重要的国家所处的环境千差万别，差异极大。

经历全球金融危机的冲击之后，发达国家的经济渐渐复苏，资产负债表也开始修复，总体前景似乎已经有所改善。但这些改善还仅仅是局部的，而且没有得到稳固。很多结构性损伤仍然存在。同时，新兴经济体的发展速度也开始放缓。因此，各个层面的分散性逐渐增长，强调个人成就和经济发展前景之间的分歧、不平等现象可能被进一步放大、政局不稳、中产阶级被挖空以及受益于非常令人兴奋的创新能力。

实际上，所有这一切构成了一个“新常态”，现在和未来几代人的社会福利都会受到不断增长的经济、金融、政治、社会和技术的“杠铃效应”的影响。

央行和我们自己都需要继续探索这个世界。很长一段时间以来，央行都是主要的且唯一负责的经济政策的制定者，这种结果是有意义的；这是2008年的时候，出乎所有人意料，央行勇敢地挺身而出拯救了全球经济并且承担起更大的政治责任的结果。

我们都欠央行一个大大的感谢。多亏它在金融危机期间实施了大胆创新的行动，整个世界才免于陷入一场旷日持久的大衰退中。在这个过程中，它们在一定程度上弥补了之前的失误，包括放任越来越多的银行、家庭和公司把不负责任的风险捆绑到彼此身上。

虽然央行已经成功地扭转了市场的不正常状况，平息了让全球经济陷入停滞的金融危机，但其积极性并没有因此消失。因为它们发现，危机过后，没人可以接手将全球经济复苏带入下一个阶段的工作。因此，它们别无选择，只好承担起了宏观经济方面的空前重担。

这并不是争权夺利，也不是央行真正想要的东西。相反，政治失灵让其他政策制定者们无法提供更有效的工具，央行觉得无论从道义上还是伦理上说，都有责任尽自己的一分力去争取时间，让私营部门恢复元气，让政治体系重新集中力量并重新承担其经济管理职责。

这时候央行扮演的不再仅仅是领导的角色了，它们还承担起提供几乎全部的政治回应的职责——以其固有的片面而生硬的方式。

作为唯一玩家,央行发现自己被推到了更深层次的实验性政治领域，停留的时间超出了所有人的预期和希望。

制定政策通常需要经过困难的权衡过程，现阶段的现代央行也是如此，但它还有一个最主要的局限性：这一次，央行根本无法求助于可靠见解、历史经验、分析模型或者过去的政策经验，它们得不到正确指导和信心鼓励。

从积极的方面看，央行采取的非常规政策确实为其他部门争取到了可观的时间，促进了主要私营部门资产负债表的修复——从银行开始，然后是企业和家庭。它们对于增长的贡献，尽管不温不火有些令人沮丧，但拿美国来说，起码创造了大量就业机会。

如同专注的工程师一样，央行用自己拥有的有限材料建造了一座尽可能好的桥。但是，无论这座桥有多长，正确的目的地永远也不属于它们自己。

是的，私营部门的复苏有利于重现活力的增长。事实上，这是一个必要条件。但经历过多年的误导和不完整的增长策略之后——包括过于强调金融而在产能上的真正投资不足——仅仅做到这些还不够。高包容性增长和持久的金融稳定需要一个更全面的政策回应。

我们不应该对央行过于苛刻。毕竟，央行也有自己的无奈之处：它们没有任何政策手段，去通过基础设施升级、教育现代化、劳动力市场改革等方式推动生产力发展；央行没有能力去改变过时的财政结构——漏洞百出、牺牲社会整体的利益去维护特权阶级和富人们的利益的财政结构；对于榨干经济活力和阻碍新投资的债务负担，央行也无力消除。

正如央行自己认识到的需求一样，它们无法建立起完整的区域和国际经济结构。就欧元区而言，央行最多也只能完成四条桌腿中的两条，即便是这两条腿，也需要自己国家的政治领导愿意支持才可以。在多边层面上，尽管各国央行都曾经成功地与国际清算银行进行过合作，但始终没能转化为更广泛的全球盛会，这也让央行倍感受挫灰心。

尽管许多私营部门——首先是企业和银行，其次是家庭——已经利用央行争取到的时间修复了自己的资产负债表，但更大范围的全球经济增长还没有恢复，其未来潜力甚至还面临着下降的危险。除此之外，尽管越来越多的证据表明我们需要放开心态去接受运营的重新启动，但大多数人仍然无法做到。

然而，正如我们之前讨论的，对一些央行来说，他们其实还能做更多事，但鉴于所面临的挑战，这些事情都相形见绌。央行和我们所有人都需要政府在之前谈到的那四个关键领域进行全面的政策回应。

由于政治失灵的破坏，世界各国政府仍然无法及时充分地做出反应。虽然也有一些国家政府有所进步，但更多国家依然困于政治僵局中。尽管自己无能低效，但这些政府对央行超级能动主义的关注又让他们找到了借口，可以暂时松一口气。与此同时，高失业率鼓励了非传统政党的发展，使得本来已经捉襟见肘的社会保障网络更加紧张，推动了收入、财富以及机会上的更大不平等的出现。

同时，其他风险也在不断增加，不容忽视。

我们的关注点不应该是即将到来的这一轮在央行资产负债表扩张和巨大流动性注入刺激下而产生的通胀，也不应该关心央行将要大量抛售证券、扰乱市场运作这种奇怪的观点。它们不会这么做。

相反，我们真正关注的应该是对过度金融风险、资源分配不当带来的潜在后果，应该关注可能威胁到市场的正常运作和稳定的因素。

此外，经过一段时间显而易见的统一发展后，我们现在进入了一个分歧更大的时代。这种明显的分化可能会让本来已经很严峻的经济、金融、体制、政治和社会局势变得更加复杂。

具有系统重要性的国家之间不同的经济成绩导致了最有影响力的央行之间的政策立场产生分歧（特别是欧洲央行和美联储之间）。那些沉浸于强刺激模式的央行不得不付出更多努力才可以取得相同的影响。那些长期依赖非常规货币政策的出口匝道的央行发现，如果不能引导市场先人一步争取到最终价值，从而破坏掉出口秩序，那么这趟多年的政策之旅将充满坎坷。

这种差异也给整个国际货币体系带来了挑战。由于缺乏全面的政策响应和适当的多边协调，全球协作的大部分功能最后都沦为了汇率问题——并不是因为各国汇率完全有能力去有效协调各国合作，而是因为没有东西能取代它。与此同时，从历史经验看来，主要货币之间汇率的大幅波动带来的后果很让人担心。这种变化会让情况更加糟糕。

还有一些来自底层的破坏。个人在之前从没有掌握过可以改变自己命运的权利。无论是商品还是服务、政府治理还是公司责任，他们都期待从服务方那里得到更多。同时，提供服务的人也要面对现实，来自其他领域的竞争对手正虎视眈眈地展示出自己的核心竞争力，但很少有人善于自我颠覆。

我们所生活的世界正在经历着自上而下、从里而外的撼动。不管你从哪个角度来看，这都是一个极其动荡不定的世界，同时也是一个市场价格无法完全反映的世界。

幸运的是，解决这一切问题的制约因素，不再是个人、公司、国家、地区和全球各个级别政治应对的缺失了，而是执行的问题：政治上的以及个人方面的。

在长时间摆脱其周期性心态的同时，大西洋两岸的传统观念也在和结构响应中的重要因素相融合。其结果是，经济学家在之前讲过的“四条腿”的政策响应的问题方面达成了大量的真正共识。

世界等待这种全面响应的时间越久，之前讨论过的那 10 种不同但逐渐加强的力量就越会对稳定性和可持续发展的道路造成破坏，并且无以为继。我们正在迅速接近一个拐点——央行将发现自己的政策慢慢变得无效。随着金融波动性的不断增长，将会达到一个极限状态：当金融风险被从基本面的“锚”中分离出来后，将无法再被人为地抑制住。我相信，这个拐点会很快到来，之前会有预兆出现。

然而，也是非常重要的一点，下一个阶段不必增加经济、金融、地缘政治、体制、政治和社会的各种弊病。没有什么是不可避免的。这是我们的选择——深刻的、必然的选择。

自然，现在很多针对“繁荣与毁灭”T字路口问题的评论往往都集中在可怕的那个结局上面，不仅是经济和金融方面的，还包括制度的、政治的以及社会的影响。是的，这个世界很可怕——增长不充分和经济不稳定的复现可能会导致一代人受到不断加剧的不平等、贫困和政治极端主义的影响。然而，请不要忽略我们还有第二条出路，这条路和第一条路有着一样的出现概率。

经济腾飞提供了动力，政客们终于开始追求决策职责（“卫星时刻”），开始寻求更有力量的多边政策合作，可以明确地说，第二条道路通向的是一个更好的结果。

通过进一步改善有利环境，大量原本持观望态度的现金有效地参与进来。卓越的创新加速并放大了有利影响——引用2015年3月安德鲁·麦卡菲在伦敦举行的未来工作大会中的讲话，“我们尚未看到任何迹象……（能和这些一样）是人类历史上最好的经济发展”——真正的金融稳定将会成为高包容性增长出现的基础。

想要准确预测我们究竟什么时候才能走到T字路口，或者我们到底要选择哪条路，非常困难。但这也提醒我们，未来尚无定论，一切皆有可能。目前的形势无关命运，在于我们最终共同做出的选择，无论有意还是无意。因此，现在的关键问题是，当我们被带离舒适区后，我们应该怎么做——毕竟，纵观历史，这对于社会福利来说是一个重要的考验——以及为了提高成功概率，我们现在应该做什么。

也可以等着别人把事情都为我们处理好，这是个听上去很诱人的办法。为了提高未来结果的分布概率，利用央行斥巨资为它们搭好的桥，凭借政治体制的授权，各国政府能做的事情还有很多，无论是自己做，还是通过更好的多边合作，或者是通过公私合作伙伴管理，我们每个人都可以发挥倡导宣传的作用。

但这种行为不仅只与各国政府有关，作为个人，我们也可以，并且应该采取行动，而不只是等待政府来做些什么。我们可以从认识前景如何，并且为什么会那样开始做起。因此，本书的重点就是缺乏正常钟形曲线令人安心属性的双峰分布曲线。

请记住，我们中绝大多数人习惯应对的未来事件的期望，是一条循规蹈矩的正常分布曲线，这条曲线的某一个特定结果拥有最高的发生概率。现在，这条曲线要被双峰分布曲线所替代了，我们反应函数风险的有效性大大降低，面临着彻底瘫痪或者行动惯性的风险。

认识和理解这一基本观点，是更好前进的第一步。这是必要条件，却不是充分条件，需要辅以适当的工具——调整结构、更新流程、放开心态、行为调整等。

正如本书中详细说明的，未来几年的赢家，将是那些拥有相当广泛的认知多样性、接受自己的盲点，并努力克服显性和隐性偏见的实体。他们能够聪明地进行情景分析，积极寻求外部投入，不为证明自己先验的正确性，而是丰富进一步的审议过程。他们会利用结构来完成繁重的工作，他们能够进行频繁而睿智的沟通，他们会在多个层面内化推动广泛改变进行的微观作用力。

这些实体将会发展自己的核心能力，并借鉴外部知识。他们将更贴近客户快速变化的偏好和互动模式，从而将长久以来的“批发”模式转变为“零售”模式。他们会更好地利用内部数据和外界观点去实验、巩固和回应。他们将确保他们不断增长的财富数据，也将有选择地自我颠覆。

简单来说，这些实体都能够成功地将可选性、弹性、灵活性结合在一起，特别是当世界已逐步接近T字路口的时候。

- 可选性，帮助我们更好地应对更严重的不确定性。
- 弹性，能让我们找到一个更好的替代品去管理不同的风险。

• 灵活性，提高我们的反应能力，特别是涉及利用上行波动的时候。

这三点加在一起，让人想起了丘吉尔的一句话：“成功不是终点，失败也不会致命：它是继续前进的勇气。”最后，我们再来看一个例子吧，这是几年前丹·苏尔（Don Sull）讲给我的。

这是一个体育迷写的一本书里的例子，虽然讲的不是企业或政府的事情，也不涉及商业、经济、金融或政策的内容，它说的是关于世界重量级拳击比赛的事情，但用在这里非常合适。

1974 年 10 月，在扎伊尔（现在的刚果民主共和国）首都金沙萨举行了一场名为“丛林之战”的拳击比赛，无败绩的强大的世界冠军——乔治·福尔曼（George Foreman）对已过职业生涯巅峰期的老拳王——穆罕默德·阿里（Muhammad Ali）。赛前，几乎所有专家都看好福尔曼获胜，毕竟，他曾经多次表现出来压倒性的力量，击败过大部分对手；而阿里年纪大了，不能再“像蝴蝶一样闪躲，像蜜蜂一样出击”。

而赛前的主要问题还并不是谁会取胜，因为专家们一致认为这是拳击史上实力相差最悬殊的一场比赛，拳王归属毫无悬念。

让人们不确定的是别的问题，比如最后阿里的伤势到底会有多严重，众说纷纭，甚至有人预测他会就此丧命。

第八回合，阿里击倒了福尔曼。游戏结束，爆出了史上最大冷门。这也引发了人们的研究兴趣。

原来，阿里的团队明白，他们面临的可能结果是一个双峰分布曲线，尽管分布得相当不平衡——阿里要么会受到重伤（可能性更大的左边模式），要么就是一个彻底的奇迹（可能性很小的右边模式）。但这不会是普通的战斗，阿里扛不住完整的 15 个回合，不可能寄希望于数点决胜负。

阿里的教练认为，他们应该采取不同于以往的战术来应对——要灵活地去适应——不放过一丝机会去争取两个结果之间的平衡。他们需要找到一种方式减小坏结果出现的概率、提高好结果的可能性。在这个过程中，他们不得不放弃阿里确立已久的拳击风格，转而考虑其他方式。

于是，阿里团队开始从根本上改变阿里的训练计划，以增强恢复力和灵活性为目标，从而提供更多的可选性。

更好的恢复力可以帮助阿里持续保持战斗力，尽管可能会因此吃点苦头；灵活性可以让阿里趁福尔曼注意力减弱或体力不支的时候发起偷袭。为了增加取胜的机会，他们还苦苦思索想要利用现有结构来完成这个艰难的比赛。

在认识到预期结果的不同分布之后，阿里从根本上调整了训练计划，他每天把大量时间花在站在拳台上不动，任凭狂风暴雨般的乱拳打在身上——日复一日的这样。

但变化还不仅如此。10 月那天的战斗开始之后，阿里的表现让所有人觉得不可思议。

阿里并没有站到拳台中央，而是靠着一边的绳索站在那里，抬起双手双臂，尽可能地保护自己。

观众们起初都非常惊讶，很多人都觉得阿里的这种战略是巨大的判断失误。但是，他们都错了。这个冒险举动的目的是要利用绳索来分散福尔曼打到阿里身上的重拳的力量——之后，这个战术被戏称为“倚绳战术”。

美国作家诺曼 · 梅勒（Norman Mailer）曾经也是一名拳击手，他是这样描述阿里的策略的：“如果只用脚站立，当对手打来一记重拳的时候，即使用双臂来挡，仍然会很痛，因为你是在用躯干、双腿和脊柱来承受这个冲击力；然而，阿里通过倚靠绳子来把这个力传递出去，绳子因为受力而拉紧。”[2] 阿里由此获得了原本不可能有的选择权。

七个回合下来之后，阿里承受了大量福尔曼的重击力量，拳拳都想把他击倒。但这个时候，福尔曼的体力也在大量消耗着。第八个回合中，阿里看准了一个福尔曼的漏洞，施展出惊人的敏捷性，把福尔曼击倒在地。

这个故事讲的不仅是认识到双峰分布、做出相应反应，以及在这个过程中克服狭隘的观念、陈旧的框架和盲点；同时，它讲的也是积极去改变两个潜在结果的分布，朝着更好的结果去努力的事情。除此之外，它还告诉我们利用结构的重要性吸收新的见解，改变原有的游戏计划；它还凸显了可选性、弹性和灵活性三者之间的紧密关联。

这些观点，如今转化为个人、家庭、企业、政府和多边制度面对的挑战。

政府也应该认识到，他们不能再指望央行去做那些繁重的政策类工作了。现在迫切需要出台更全面的政策方法。通过掌握政治意愿和领导能力，政府可以释放出就业不足或者失业的人群、闲置现金、更好的全球政策协调以及重大创新的巨大生产力。同时，公司和家庭也应该努力去把命运掌控在自己手中。

央行与此息息相关。在被迫成为“唯一玩家”之后，它们现在发现自己已经完全无法掌握自己的命运了。实施超级政策实验的那段特殊时期的遗产都掌握在各国政府及其政治领导人手中。

如果政治体系最终能够承担起它本应承担的经济治理的责任，那么央行的风险政策就将获得回报。它们的勇气、智慧和判断将被歌颂赞美，它们的政治自治权和经营灵活性将受到保护。

但如果政治系统功能失灵，央行的情况会变得更糟。它们不仅不会被视为解决方案的关键组成部分，而且会被当成是引发甚至加剧问题的角色。最终，全球经济将会失去最重要的成员之一。

难得全球经济如此齐心地致力于这条通向T字路口的道路；几乎从来没有过像这种二选一的两个选项之间对比如此鲜明；很少会有风险如此之高的选择题。

实际上，我们最终关注的还是选择的功能，而非命运。当然，这很大程度上取决于各国政府和央行共同肩负起制定政策的意愿和能力——在国家、区域和多边层面。但这并不意味着我们其他人就应该是被动的观察者，我们可以并且应该去帮助提高好结果的出现前景，我们需要花更多时间来提高我们的敏捷性、选择性和应变能力，我们需要始终保持开放的心态，包括承认那些过去很好用的办法未必适用于未来。

—致谢—

THE ONLY GAME
IN TOWN

这本书是我这几年的阅读、观察、思考，以及最重要的——讨论之后的结果。如果没有家人、朋友、同事们的大力支持，如果没有得到和那些决策者、思想领袖以及全球经济、市场和现代央行方面敏锐的观察家们交流的宝贵机会，如果我的专业活动没有带给我极端的刺激环境，如果没有一些真正特殊的人物给予我的灵感、支持和陪伴，这本书根本无法完成。

2012 年 10 月，我参加国际货币基金组织与世界银行年会时，在其中一天的午餐上，遇见了里奇 · 米勒和他彭博新闻社的同事西蒙 · 肯尼迪，他们当时问我，如何用一句话概括我们在未来几年将要面对的最重要的经济问题。这个问题也成为我写这本书的最初的灵感。这个会议结束后，我在里奇这个问题的带领下，开始了一段创作的旅程。要说起里奇和西蒙带给我的影响，这不过只是其中一个小例子，多年以来，我都是他们的专栏和评论文章的忠实读者。

我的经纪人安德鲁·怀利，给我提供了非常棒的灵感和建议。兰登出版集团的威尔·墨菲为这本书的写作过程以及质量的提高带来了很重要的指导。付嘉辰和艾琳·希尔也为整个创作过程提供了帮助和巨大支持。对于这四位给予我的极大支持和鼓励，我感觉于心有愧。

这本书里的许多想法最初都是写在我的一些专栏里面，比如《彭博视野》《金融时报》《世界报业辛迪加》《财富》《商业内幕》《大西洋月刊》和《赫芬顿邮报》。之后，在和朋友、同事以及其他专业人士的讨论交流过程中，这些想法逐渐发展成熟起来。

在出版我的定期专栏文章过程中，能够和一些最优秀的媒体平台上的同事合作，我深感荣幸并且非常欣喜。他们是珍妮弗·艾博伦、克里斯·亚当斯、贝基·安德森、莱昂内尔·巴贝尔、马克斯·伯雷、迈克·彭博、米歇尔·卡鲁索–卡夫雷拉、吉姆·格雷夫、安德鲁·希尔、阿里安娜·赫芬顿、汤姆·基恩、乔·凯尔宁、贝蒂·刘、肯·墨菲、蒂姆·奥布赖恩、理查德·奎斯特、贝基·奎克、卡尔·昆坦尼拉、山姆·罗、凯特·罗伯茨、亚历克·罗素、里克·圣泰利、安迪·瑟沃、戴维·希普利、波林·斯基帕拉、安德鲁·罗斯·索尔金、弗莱德·施图德曼、斯科特·瓦普纳、马克·怀特豪斯和格雷戈·祖克曼。

我要特别感谢安联保险集团和太平洋投资管理公司的同事们给予我的友情和支持。他们带给了我巨大的灵感，没有他们，就没有这本书。特别感谢麦克·埃米、奥利弗·贝特、弗兰塞斯克·巴尔塞尔斯、安德鲁·鲍尔斯、菲利普·波德罗、利比·坎特里尔、苏海勒·达达、克里斯·戴尔纳斯、迈克尔·迪克曼、艾米利奥·加利–苏加罗、比尔·格罗斯、迈克尔·戈麦斯、丹·伊瓦辛、约翰·梅尼、保罗·麦卡利、莎拉·米德尔顿、托马斯·诺曼、洛伦佐·帕加尼、赫尔梅特·培雷特、萨拉·比克、杰伊·拉尔夫、萨比亚·施瓦策尔、马克·塞德纳、斯科特·西蒙和乔希·西蒙士。

许多年来，一些现代央行巨头的思想、观点一直影响和启发着我，这些人包括本·伯南克、马克·卡尼、斯坦利·菲舍尔、阿米尼奥·弗拉加、艾伦·格林斯潘、安迪·霍尔丹、默文·金、克里斯钦·努瓦耶、拉古·拉詹、让–克洛德·特里谢、保罗·沃尔克和珍妮特·耶伦。他们的观点和见解为奥利维尔·布兰查德、乔希·博尔顿、克里斯蒂娜·拉加德那样的决策者们提供了有效补充。

在那些多年以来给予我深刻影响的人中，我还想特别感谢贾里德·科恩、马克·道、洛德·伊特维尔、克里什纳·古哈、乔恩·希尔森拉特、伊恩·戈丁、尼克·奈特、盖尔·莱蒙、詹姆斯·马尼卡、柯林·鲍威尔、斯科特·桑德斯、埃里克·施密特、迈克·斯宾塞、安妮–玛丽·斯劳特、唐·萨尔和马丁·沃尔夫，以及国际清算银行的同事们。

最后，还要对我的家人和好友们表示深深的感谢。

这本书动笔于2014年12月，这一年对我来说是人生中的一个重大转折点。在迎接一个个挑战的过程中，改变在所难免，多亏一些朋友始终给予我巨大的支持和鼓励，感谢你们的锦囊妙计和坚定友情：卡洛琳·阿特金森、安德鲁·鲍尔斯、弗兰塞斯克·巴尔塞尔斯、劳里·布莱克福德、谢尔曼和苏海勒·达达、克里斯·迪亚利纳斯迈克尔和惠妮·戈麦斯、阿利森和尼克·奈特、安娜和桑德罗·莱波尔德、辛多·奥利韦罗斯和蒂蒂娜·德·蒙塔古特、德莱登和莱拉·彭斯、斯科特和苏珊娜·桑德斯、沙科尔·沙阿兰、迈克·斯宾塞、艾迪以及乔希·西蒙士。拉古纳剧场青年剧院的父母和孩子们，还有剧场经理唐娜，我也要特别致谢。

在这本书的写作过程中，我的母亲和姐姐给了我支持、鼓励和偶尔的善意取笑，对于她们的生活来说，这也是个重要转变，但她们仍然留给我时间去思考。我已故的父亲给我提供了很棒的教育机会，使我受益至今。虽然他已经去世30多年，但他带给我的有益影响、灵感和指导延续至今，不曾消失。

当我坐在厨房用笔记本工作的时候，我们的乖狗狗博萨一直陪在我身边，一躺就是几个小时。每当我文思枯竭无法动笔的时候，它都能感觉得到，它会站起来，把头倚在我的腿上，要我拍拍它，让我重新振作起来。

然后要感谢我的宝贝女儿。她有着超越年纪的智慧、洞察力和才华。她源源不断的爱和鼓励是我坚持下来的动力，多亏她的陪伴和及时提醒，我才没错过交稿的最后期限。我是世界上最幸运的父亲，因为我拥有世界上最了不起的女儿。2013年年中，是她提醒我，我才意识到当时我的工作和生活已经失衡到不正常的状态，她的温馨提示是很多伟大事情的来源；没有她，也没有这本书。

在这篇致谢的最后，我隐隐感觉不安，因为这远非一份完整的名单。如果有所遗漏，我表示诚挚的歉意，我所提及的以上诸位，都不必为本书中的任何错误负责。

第二章　当今世界唯一的主导力量

1. Christian Noyer, "Central Banking: The Way Forward?," opening speech to the International Symposium of the Banque de France, November 7, 2014, https://www.banque-france.fr/uploads/tx_bdfgrandesdates/Allocution-ouverture-Noyer-Symposium-7112014-EN.pdf.
2. Richard Milne, "Denmark Highlights Naked Truth About Negative Lending," *Financial Times,* April 8, 2015, http://www.ft.com/intl/cms/s/0/7f4e2f4c-dde3-11e4-9d29-00144feab7de.html.
3. Ben S. Bernanke, "The Economic Outlook and Monetary Policy," speech to the Federal Reserve Bank of Kansas City Symposium in Jackson Hole, Wyoming, Board of Governors of the Federal Reserve Bank, August 27, 2010, http://www.federalreserve.gov/newsevents/speech/bernanke20100827a.htm.
4. I first came across this term, attributed to a "senior Citigroup executive," in Landon Thomas, Jr., and Neil Gough, "Swiss Move Prompts Fears of Sustained Market Tumult," *New York Times,* January 16, 2015, http://dealbook.nytimes.com/2015/01/16/currency-traders-rattled-in-wake-of-swiss-central-bank-move.

第三章 央行的沟通挑战

1. "Quarterly Review," media briefing by Claudio Bario, head of the Monetary and Economic Department, and Hyun Shin, economic adviser and head of research, Bank for International Settlements, December 5, 2014, http://www.bis.org/publ/qtrpdf/r_qt1412_ontherecord.htm.
2. "Central Banks Lift the Veil on More of Their Secrets," *Financial Times*, December 14, 2014, http://www.ft.com/intl/cms/s/0/64d1c072-8206-11e4-a9bb-00144feabdc0.html.
3. Alan Greenspan interview with Maria Bartiromo, CNBC, September 17, 2007.
4. Joseph M. Bessette and John J. Pitney, Jr., *American Government and Politics: Deliberation, Democracy, and Citizenship* (Andover, MA: Cengage Learning, 2011).
5. "Central Banks Lift the Veil on More of Their Secrets." *Financial Times*, December 14, 2014, http://www.ft.com/intl/cms/s/0/64d1c072-8206-11e4-a9bb-00144feabdc0.html.
6. Neil Irwin, "The Goal of 2% Inflation, Rethought," *New York Times*, December 21, 2014, http://www.nytimes.com/2014/12/21/upshot/of-kiwis-and-currencies-how-a-2-inflation-target-became-global-economic-gospel.html.
7. "Central Banks Lift the Veil on More of Their Secrets," *Financial Times*, December14,2014,http://www.ft.com/intl/cms/s/0/64d1c072-8206-11e4-a9bb-00144feabdc0.html.
8. Nicholas Lemann, "The Hand on the Lever," *New Yorker*, July 2014.
9. Binyamin Appelbaum, "Q. and A. With Charles Plosser of the Fed: Raise Rates Sooner Rather Than Later," *New York Times*, January 30, 2015, http://www.nytimes.com/2015/01/30/upshot/q-and-a-with-charles-plosser-of-the-fed-raise-rates-sooner-rather-than-later.html.
10. Mohamed A. El-Erian, "Why This Market Rally Is So Unloved," *Bloomberg View*, September 2, 2014, http://www.bloombergview.com/articles/2014-09-02/why-this-market-rally-is-so-unloved.
11. Jack Ewing and Binyamin Appelbaum, "A Stress Test for Mario Draghi and the European Central Bank," *New York Times*, January 3, 2015, http://www.nytimes.com/2015/01/04/business/stress-test-for-mario-draghi.html.
12. Janet Yellen, "Monetary Policy and Financial Stability," speech at the 2014 Michel Camdessus Central Banking Lecture at the International Monetary Fund in Washington, D.C., Board of Governors of the Federal Reserve System, July 2, 2014, http://www.federalreserve.gov/newsevents/speech/yellen20140702a.htm.

第四章 谈谈这本书的条理

1. Andrew G. Haldane, "Growing, Fast and Slow," speech at the University of East Anglia, Norwich, England, February 17, 2015, http://www.bis.org/review/r150219b.pdf.
2. Mohamed A. El-Erian, *When Markets Collide: Investment Strategies for the Age of Global Economic Change* (New York: McGraw-Hill, 2008).

第二部分 央行的上升、崩溃和复苏

1. Martin Wolf, "We Are Trapped in a Cycle of Credit Booms," *Financial Times,* October 8, 2014, http://www.ft.com/intl/cms/s/0/1a9f058e-4d43-11e4-bf60-00144feab7de.html#axzz3Lfv9pY4D. For a detailed analysis, see Martin Wolf, *The Shifts and the Shocks: What We Have Learned—and Have Still to Learn—from the Financial Crisis* (New York: Penguin Press, 2014).

第五章 央行的黄金时代以及“似泡非泡的金融”

1. Joan Robinson, "The Economics of Hyperinflation," *Economic Journal* 48 (September 1938).
2. Mohamed A. El-Erian, *When Markets Collide: Investment Strategies for the Age of Global Economic Change* (New York: McGraw-Hill, 2008).
3. For an insightful discussion of this and more, please see Raghuram G. Rajan, *Fault Lines: How Hidden Fractures Still Threaten the World Economy* (Princeton, NJ: Princeton University Press, 2010).
4. "Paul Krugman: Here Are 5 Big Things Paul Krugman Says He Got Wrong Over the Years," *Business Insider,* November 2014, http://www.businessinsider.com/big-things-paul-krugman-got-wrong-economy-2014-11.
5. William C. Dudley, "Economics at the Federal Reserve," remarks at the American Economic Association 2014 Annual Meeting, Philadelphia, http://www.newyorkfed.org/newsevents/speeches/2014/dud140104.html.
6. Atef Mian and Amir Sufi, *House of Debt: How They (and You) Caused the Great Recession, and How We Can Prevent It from Happening Again* (Chicago: University of Chicago Press, 2014).
7. Mark Carney, "Inclusive Capitalism: Creating a Sense of the New Systemic," speech at the Conference on Inclusive Capitalism, London, May 27, 2014, http://www.bankofengland.co.uk/publications/Documents/speeches/2014/speech731.pdf.

第六章 连锁故障

1. Michiyo Nakamoto and David Wighton, "Bullish Citigroup Is 'Still Dancing' to the Beat of the Buyout Boom," *Financial Times,* July 10, 2007, http://www.ft.com/intl/cms/s/0/5cefc794-2e7d-11dc-821c-0000779fd2ac.html.
2. As late as September 2014, the popular media was still on this point. As an example, the money section of the September 18 edition of *USA Today* included the headline "Fed Sings Wall Street's Tune." And the drivers of the accusation, both real and perceived, went well beyond what former Treasury secretary Geithner noted in his memoir, *Stress Test,* that "the optics of the institution's governance are awful. The Fed has always been vulnerable to perceptions of capture by the big banks."
3. Robin Harding, "Transcripts Reveal Drama and Fear as Fed Confronted

Lehman's Implosion," *Financial Times,* February 21, 2014, http://www.ft.com/intl/cms/s/0/ec1c3a5a-9b0f-11e3-946b-00144feab7de.html.
4. Sam Fleming and Shawn Donnan, "Fed Feared Japan-Scale Crisis in 2009," *Financial Times,* March 5, 2015, http://www.ft.com/intl/cms/s/0/d77aff2c-c28d-11e4-ad89-00144feab7de.html.
5. Jeremie Cohen-Setton, "The 2008 FOMC Transcripts: Did the Committee Obsess over the Wrong Crisis and the Performance of Key Personalities," Bruegel Blog Review, March 3, 2014, http://www.bruegel.org/nc/blog/detail/article/1258-blogs-review-the-2008-fomc-transcripts/.
6. "A Desperate Plea—Then the Race for a Deal Before 'Sucker Goes Down,'" *Guardian,* September 26, 2008, http://www.theguardian.com/business/2008/sep/27/wallstreet.useconomy1.
7. Neal Collins, "Archaic BoE Was Ill-Equipped to Prevent Financial Crisis," *Financial Times,* January 9, 2015, http://www.ft.com/intl/cms/s/0/d3db1f52-9752-11e4-845a-00144feabdc0.html.
8. Joshua Zumbrun and Alaa Shahine, "Retired Bernanke Harbors Regret on Main Street's View of Bailout," Bloomberg News, March 4, 2014, http://www.bloomberg.com/news/2014-03-04/bernanke-says-u-s-economy-seeing-progress.html.
9. Timothy F. Geithner, *Stress Test: Reflections on Financial Crises* (New York: Crown, 2014).

第七章　央行的复苏

1. Mario Draghi, speech to the Global Investment Council, European Central Bank, July 26, 2012, http://www.ecb.europa.eu/press/key/date/2012/html/sp120726.en.html.
2. Jack Ewing and Binyamin Appelbaum, "A Stress Test for Mario Draghi and the European Central Bank," *New York Times,* January 3, 2015, http://www.nytimes.com/2015/01/04/business/stress-test-for-mario-draghi.html.
3. Philip Turner, "The Exit from Non-Conventional Monetary Policy: What Challenges?," BIS Working Paper 448, 2014, May, http://www.bis.org/publ/work448.pdf.
4. "Monetary Policy Struggles to Normalize," BIS Annual Report, June 29, 2014, Bank for International Settlements, http://www.bis.org/publ/arpdf/ar2014e5.htm.
5. Mohamed A. El-Erian, "Parsing Draghi's QE Gambit," *Bloomberg View,* January 23, 2015, http://www.bloombergview.com/articles/2015-01-23/parsing-draghi-s-qe-gambit. See also Mohamed A. El-Erian, "The ECB Can Only Buy Time for Europe's Politicians," *Financial Times,* January 22, 2015, http://www.ft.com/intl/cms/s/0/957b9ddc-a241-11e4-bbb8-00144feab7de.html.
6. Tracy Alloway, "Markets' Misplaced Faith in Central Banks," *Financial Times,* January 23, 2015, http://www.ft.com/intl/cms/s/0/2ad516fa-a2d4-11e4-ac1c-00144feab7de.html.
7. Hyman Minsky, "The Financial Instability Hypothesis," Working Paper No. 74, Levy Economics Institute of Bard College, 1992.

8. Mohamed A. El-Erian, "Beware of Calls for QE4," *Financial Times,* October 17, 2014, http://blogs.ft.com/the-a-list/2014/10/17/beware-of-calls-for-qe4/.
9. Chris Giles, "Carney Warns on Low Interest Rates," *Financial Times,* January 24, 2015, http://www.ft.com/intl/cms/s/0/c20266fe-a3fb-11e4-b90d-00144feab7de.html.
10. Timothy F. Geithner, *Stress Test: Reflections on Financial Crises* (New York: Crown, 2014).

第八章 奠定基础

1. Jim Grant, "Monetary Policy Is a Virus That Infects Politics," *Financial Times,* January 5, 2015, http://www.ft.com/intl/cms/s/0/14078740-9277-11e4-a1fd-00144feabdc0.html.
2. "The World Economy: In Need of New Oomph," *Economist,* May 24, 2014, http://www.economist.com/news/leaders/21602698-how-make-rich-worlds-recovery-stronger-and-safer-need-new-oomph.
3. "In Search of a New Compass," Bank for International Settlements, June 29, 2014, http://www.bis.org/publ/arpdf/ar2014e1.htm.
4. E. S. Browning, "The 'Investor's Dilemma': Everything Is Expensive," *Wall Street Journal,* August 24, 2014, http://blogs.wsj.com/moneybeat/2014/08/24/the-investors-dilemma-everything-is-expensive/.
5. Lawrence H. Summers, "Reflection on the 'New Secular Stagnation Hypotheses,'" in Coen Tuelings and Richard Baldwin, eds., *Secular Stagnation: Facts, Causes, and Cures* (London: CEPR Press, 2014), http://www.voxeu.org/sites/default/files/Vox_secular_stagnation.pdf.

第九章 一代人的挑战

1. Mohamed A. El-Erian, "The Global Growth Quest," Project Syndicate, April 9, 2013, http://www.project-syndicate.org/commentary/the-worldwide-search-for-new-growth-models-by-mohamed-a--el-erian.
2. Matt O'Brien, "Greece's Poor Are Back to Where They Were in 1980," *Washington Post,* April 10, 2015, http://www.washingtonpost.com/blogs/wonkblog/wp/2015/04/10/greeces-poor-are-back-to-where-they-were-in-1980/.
3. "Mohamed A. El-Erian Discusses PIMCO's Secular Outlook and Investment Implications," Economic Outlook, PIMCO, May 2009, http://europe.pimco.com/EN/Insights/Pages/Secular%20Outlook%20Q%20and%20A%20May%202009%20El-Erian.aspx.
4. Jim Pearce, "The New Normal—Six Years Later," *Investing Daily,* January 30, 2015, http://www.investingdaily.com/22053/the-new-normal-six-years-later-2/.
5. Mohamed A. El-Erian, "The 'New Normal' and Its Consequential Morphing," *Journal of Indexes,* November 22, 2013, http://europe.etf.com/europe/publications/journal-of-indexes/articles/9398-the-new-normal-and-its-consequential-morphing.html?start=6&Itemid=200.
6. Mohamed A. El-Erian, "'The New Normal' Has Been Devastating for America," *Business Insider,* March 22, 2014, http://www.businessinsider.com/el-erian-state-of-the-new-normal-2014-3.

7. Mohamed A. El-Erian, "Europe Must Pay Heed to Japan's New Slide," *Bloomberg View,* November 18, 2014, http://www.bloombergview.com/articles/2014-11-18/europe-must-pay-heed-to-japans-new-slide.
8. Mohamed A. El-Erian, "Could America Turn Out Worse than Japan?," Reuters, October 31, 2011, http://blogs.reuters.com/mohamed-el-erian/2011/10/31/could-america-turn-out-worse-than-japan-2/.
9. Lawrence H. Summers, "U.S. Economic Prospects: Secular Stagnation, Hysteresis, and the Zero Lower Bound," *Business Economics* 49, no. 2 (2014), http://larrysummers.com/wp-content/uploads/2014/06/NABE-speech-Lawrence-H.-Summers1.pdf.
10. Christine Lagarde, "The Challenge Facing the Global Economy: New Momentum to Overcome a New Mediocre," speech to Georgetown University School of Foreign Service, October 2, 2014, http://www.imf.org/external/np/speeches/2014/100214.htm.
11. Gauti Eggertsson and Neil Mehrota, "A Model of Secular Stagnation," NBER Working Paper No. 20574, National Bureau of Economic Research, April 2014, http://www.nber.org/papers/w20574.pdf.
12. Mohamed A. El-Erian, "Confronting Persistent U.S. Economic Slump," *Bloomberg View,* April 21, 2014, http://www.bloombergview.com/articles/2014-04-21/confronting-the-u-s-economic-slump.
13. Martin Wolf, "Why America Is Going to Win the Global Currency Battle," *Financial Times,* October 12, 2010, http://www.ft.com/intl/cms/s/0/fe45eeb2-d644-11df-81f0-00144feabdc0.html.
14. Janet Yellen, "Monetary Policy and the Economic Recovery," speech to the Economic Club of New York, Board of Governors of the Federal Reserve System, April 16, 2014, http://www.federalreserve.gov/newsevents/speech/yellen20140416a.htm.
15. Mohamed A. El-Erian, "Trial by Fire: What Crises Lie in Wait for Janet Yellen," *Foreign Policy,* January 7, 2014, http://foreignpolicy.com/2014/01/07/trial-by-fire/.
16. Raghuram Rajan, "Global Policy: A View from Emerging Markets," Brookings Institution, video, April 10, 2014, http://www.brookings.edu/events/2014/04/10-global-monetary-policy-view-from-emerging-markets.
17. See, for example, "The BIS Quarterly Review for December 2014: Buoyant Yet Fragile?," December 7, 2014, Bank for International Settlements, http://www.bis.org/publ/qtrpdf/r_qt1412.htm.
18. Michael Chui, Ingo Fender, and Vladyslav Sushko, "Risks Related to EME Corporate Balance Sheets: The Role of Leverage and Currency Mismatch," Bank for International Settlements, 2014, http://www.bis.org/publ/qtrpdf/r_qt1409f.pdf.

第十章　降低失业风险演变成无法就业

1. Stanley Fischer, "The Great Recession: Moving Ahead," speech to conference sponsored by the Swedish Ministry of Finance, Board of Governors of

the Federal Reserve, August 11, 2014, http://www.federalreserve.gov/news events/speech/fischer20140811a.htm.

第十一章 不平等的三连胜

1. "Focus on Inequality and Income," Organisation for Economic Co-operation and Development, Directorate for Employment, Labor and Social Affairs, December 2014, http://www.oecd.org/social/Focus-Inequality-and-Growth-2014.pdf.
2. Emmanuel Saez and Gabriel Zucman, "Wealth Inequality in the US Since 1913," NBER Working Paper No. 20615, October 2014.
3. Estelle Sommiller and Mark Price, "The Increasingly Unequal Income States of America," Economic Policy Institute, January 26, 2015, http://www.epi.org/publication/income-inequality-by-state-1917-to-2012/.
4. "17 Things We Learned About Income Inequality in 2014," *Atlantic*, December 23, 2014, http://www.theatlantic.com/business/archive/2014/12/17-things-we-learned-about-income-inequality-in-2014/383917/.
5. Federal Reserve Board of Governors, "Changes in US Family Finances from 2010 to 2013: Evidence from the Survey of Consumer Finances," *Federal Reserve Bulletin* 100, no. 4 (September 2014), http://www.federalreserve.gov/pubs/bulletin/2014/pdf/scf14.pdf.
6. Rakesh Kochhar and Richard Fry, "Wealth Inequality Has Widened Along Racial, Ethnic Lines Since the End of the Great Recession," Pew Research Center, December 12, 2014, http://www.pewresearch.org/fact-tank/2014/12/12/racial-wealth-gaps-great-recession/.
7. Thomas Piketty, *Capital in the Twenty-First Century* (Cambridge, MA: Belknap Press of Harvard University Press, 2014).
8. Mohamed A. El-Erian, "The Inequality Trifecta," Project Syndicate, October 17, 2014, http://www.project-syndicate.org/commentary/imf-world-bank-annual-meetings-and-inequality-by-mohamed-a--el-erian-2014-10.
9. Madeline Ostrander, "What Poverty Does to the Young Brain," *New Yorker*, June 4, 2015, http://www.newyorker.com/tech/elements/what-poverty-does-to-the-young-brain.
10. Frank Bruni, "Class, Cost and College," *New York Times*, May 17, 2014, http://www.nytimes.com/2014/05/18/opinion/sunday/bruni-class-cost-and-college.html.
11. McKinsey Global Institute, "QE and Ultra-Low Rates," 2013.

第十二章 持续的信任赤字

1. Ian Fraser, *Shredded: Inside RBS, the Bank That Broke Britain* (Edinburgh: Birlinn, 2014).
2. Joshua Zumbrun and Alaa Shahine, "Retired Bernanke Harbors Regret on Main Street's View of Bailout," Bloomberg News, March 4, 2014, http://www.bloomberg.com/news/2014-03-04/bernanke-says-u-s-economy-seeing-progress.html.

3. Timothy F. Geithner, *Stress Test: Reflections on Financial Crises* (New York: Crown, 2014).
4. Binyamin Appelbaum, "Yellen Says Restraining the Fed's Oversight Would Be a 'Grave Mistake,'" *New York Times,* July 16, 2014, http://www.nytimes.com/2014/07/17/business/yellen-says-constraining-fed-would-be-a-grave-mistake.html.
5. Panel discussion remarks quoted in Jeff Kearns, "Fed's $4 Trillion Assets Draw Lawmaker Ire Amid Bubble Concerns," Bloomberg News, December 17, 2013, http://www.bloomberg.com/news/2013-12-17/fed-s-4-trillion-assets-draw-lawmaker-ire-amid-bubble-concern.html.
6. Ibid.
7. Peter Eavis, "New York Fed Is Criticized on Oversight," November 21, 2014, http://dealbook.nytimes.com/2014/11/21/new-york-fed-chief-faces-withering-criticism-at-senate-hearing.
8. Liz Alderman, "Netherlands Asks Bankers to Swear to God," *New York Times,* December 12, 2014, http://dealbook.nytimes.com/2014/12/12/netherlands-asks-bankers-to-swear-to-god.
9. Mohamed A. El-Erian, "The Threat to the Central Bank Brand," Project Syndicate, June 4, 2013, http://www.project-syndicate.org/commentary/the-growing-risk-to-central-bankers--credibility-by-mohamed-a--el-erian.
10. Guy Kawasaki, *Enchantment: The Art of Changing Hearts, Minds, and Actions* (New York: Penguin Books, 2012).

第十三章　国家政治失灵

1. "The Great Fracturing," *Economist,* February 21, 2015, http://www.economist.com/news/leaders/21644147-britains-slide-six-party-politics-presages-instability-and-crisis-legitimacy-great.
2. Mohamed A. El-Erian, "I Don't Know What Will Happen If We Default, and I Don't Want to Find Out," *Atlantic,* October 10, 2013, http://www.theatlantic.com/business/archive/2013/10/i-dont-know-what-will-happen-if-we-default-and-i-dont-want-to-find-out/280467/.
3. For an insightful discussion of the various components of this balancing act, see Eric Schmidt and Jared Cohen, *The New Digital Age: Reshaping the Future of People, Nations and Business* (London: John Murray, 2014).
4. Mohamed A. El-Erian, "The Very Messy Politics of Economic Divergence," Project Syndicate, March 2015, http://www.project-syndicate.org/commentary/economic-divergence-global-politics-by-mohamed-a--el-erian-2015-03.

第十四章　“零国集团”现象以及国际经济的无体系化趋势

1. The term was coined more than ten years ago by Jim O'Neil, Goldman Sachs's chief economist at that time. It now refers to the grouping of countries consisting of Brazil, Russia, India, China, and South Africa.
2. Mohamed A. El-Erian, "The Real Message of the BRICS Summit," *Bloom-*

berg View, July 17, 2014, http://www.bloombergview.com/articles/2014-07-17/the-real-message-of-the-brics-summit.

3. Mohamed A. El-Erian, "U.S. Opposition to Asian Bank Is Self-Destructive," *Bloomberg View*, March 31, 2015, http://www.bloombergview.com/articles/2015-03-31/el-erian-u-s-opposition-to-asia-bank-is-self-destructive.
4. Richard Dobbs, James Manyika, and Jonathan Woetzel, *No Ordinary Disruption: The Four Global Forces Breaking All the Trends* (New York: PublicAffairs, 2015).
5. Mohamed A. El-Erian, "Is the World Bank Losing Asia?," *Bloomberg View*, July 10, 2014, http://www.bloombergview.com/articles/2014-07-10/is-the-world-bank-losing-asia.

第十五章 金融风险的转移与变形

1. See, for example, the December 9 press release by the Board of Governors of the Federal Reserve System, http://www.federalreserve.gov/newsevents/press/bcreg/20141209a.htm.
2. Greg Ip, "Post-Crisis Risk Casts a Darkening Shadow," *Wall Street Journal*, April 8, 2015, http://www.wsj.com/articles/post-crisis-risk-casts-a-darkening-shadow-1428499827.
3. Brad Jones, "Asset Bubbles: Rethinking Policy for the Age of Asset Management," IMF Working Paper, February 2015, http://www.imf.org/external/pubs/ft/wp/2015/wp1527.pdf.
4. Jaime Caruana, "Macro-Prudential Policies: Opportunities and Challenges," speech to the Tenth High-Level Meeting for the Middle East and North Africa, Bank for International Settlements, December 9, 2014, http://www.bis.org/speeches/sp141219.pdf.
5. Banque de France, "Macroprudential Policies: Implementation and Interactions," *Financial Stability Review*, April 2014.
6. Mohamed A. El-Erian, "3 Steps to Remove Financial System Risk," Harvard Business School, August 15, 2007, http://hbswk.hbs.edu/item/5745.html.
7. Mohamed A. El-Erian, "Creative Self-Disruption," Project Syndicate, April 7, 2015, https://www.project-syndicate.org/commentary/consumer-sharing-economy-adaptation-by-mohamed-a--el-erian-2015-04.
8. Steve Lohr, "Banking Start-ups Adopt New Tools for Lending," *New York Times*, January 19, 2015, http://www.nytimes.com/2015/01/19/technology/banking-start-ups-adopt-new-tools-for-lending.html.
9. For full disclosure, I have been recently involved in one of these efforts—"Payoff"—as an investor and board member of a start-up seeking to improve the financial services offered to households and small businesses.

第十六章 流动性幻觉

1. Tracy Alloway and Michael MacKenzie, "Anatomy of a Market Meltdown," *Financial Times*, November 18, 2014, http://www.ft.com/cms/s/0/cac64efe-6b34-11e4-ae52-00144feabdc0.html.

2. Jamie Dimon, "Annual Letter to Shareholders," JPMorgan Chase, April 2015, http://files.shareholder.com/downloads/ONE/15660259x0x820077/8af78e45-1d81-4363-931c-439d04312ebc/JPMC-AR2014-LetterToShareholders.pdf.
3. William Finkbarr Flynn and Takako Taniguchi, "Prudential Chief Echoes Dimon Saying Liquidity Is Top Worry," Bloomberg News, April 13, 2015, http://www.bloomberg.com/news/articles/2015-04-14/prudential-chief-says-biggest-worry-is-liquidity-echoing-dimon.
4. Mohamed A. El-Erian, "The Market 'Sucking Sounds' Are Getting Louder as Four Forces Come Together," *Business Insider*, June 11, 2013, http://www.businessinsider.com/el-erian-on-the-liquidity-gap-2013-6.
5. Mohamed A. El-Erian, "Is the Market Confident or Too Complacent?," *Bloomberg View*, June 9, 2014, http://www.bloombergview.com/articles/2014-06-09/is-the-market-confident-or-too-complacent.

第十七章　弥合资本与基本面之间的鸿沟

1. Jim Puzzanghera, "Yellen Upbeat About Growth in the Coming Quarter," *Los Angeles Times*, May 7, 2014, http://www.latimes.com/business/la-fi-yellen-economy-20140508-story.html.
2. Binyamin Appelbaum, "Q. and A. With Charles Plosser of the Fed: Raise Rates Sooner Rather Than Later," *New York Times*, January 30, 2015, http://www.nytimes.com/2015/01/30/upshot/q-and-a-with-charles-plosser-of-the-fed-raise-rates-sooner-rather-than-later.html.
3. Claire Jones, Robin Wigglesworth, and James Politi, "Fed Fights Back Against 'Feral Hogs,'" *Financial Times*, June 24, 2013, http://www.ft.com/intl/cms/s/0/9d8fa63e-dce6-11e2-b52b-00144feab7de.html.
4. Mohamed A. El-Erian, "Big Money vs Bernanke: Who's Right About the Economy," *Atlantic*, July 3, 2013, http://www.theatlantic.com/business/archive/2013/07/big-money-vs-bernanke-whos-right-about-the-economy/277548/.
5. Joshua Zumbrun, "Fed Hears Warning That Tightening Policy May Spark Market Tumult," Bloomberg News, February 28, 2014, http://www.bloomberg.com/news/2014-02-28/fed-hears-warning-that-tightening-policy-may-spark-market-tumult.html.
6. Andrew Filardo and Boris Hofmann, "Forward Guidance at the Zero Lower Bound," BIS Quarterly Review, March 2014, Bank for International Settlements, http://www.bis.org/publ/qtrpdf/r_qt1403f.htm.
7. Robin Harding, "Federal Reserve Dissenter Kocherlakota Attacks New Guidance," *Financial Times*, March 21, 2014, http://www.ft.com/intl/cms/s/0/1607d9b8-b105-11e3-bbd4-00144feab7de.html.
8. Mohamed A. El-Erian, "Here's Why Jeremy Stein's Departure from the Federal Reserve Matters," *Business Insider*, April 5, 2014, http://www.businessinsider.com/why-jeremy-steins-departure-is-important-2014-4.

9. Jeremy C. Stein, "Challenges to Monetary Policy Communication," speech to the Money Marketeers of New York University, Board of Governors of the Federal Reserve System, May 6, 2014, http://www.federalreserve.gov/newsevents/speech/stein20140506a.htm. A similar point was made by Hyun Song Shin, "Commentary on Robert E. Hall, 'The Routes into and out of the Zero Lower Bound,'" speech delivered at conference on Global Dimensions of Unconventional Monetary Policy, Federal Reserve Bank of Kansas City, Jackson Hole, Wyoming, August 22–24, 2013.
10. Janet Yellen, "Monetary Policy and Financial Stability," speech at the 2014 Michel Camdessus Central Banking Lecture, International Monetary Fund, Washington, D.C., July 2, 2014, Board of Governors of the Federal Reserve System, http://www.federalreserve.gov/newsevents/speech/yellen20140702a.htm.
11. Mohamed A. El-Erian, "Yellen Lays Out Her Policy Blueprint," *Bloomberg View,* July 7, 2014, http://www.bloombergview.com/articles/2014-07-07/yellen-lays-out-her-policy-blueprint.
12. Stanley Fischer, "Financial Sector Reform: How Far Are We?," Martin Feldstein Lecture at the National Bureau of Economic Research, July 10, 2014, Board of Governors of the Federal Reserve System, http://www.federalreserve.gov/newsevents/speech/fischer20140710a.htm.
13. Jeremy C. Stein, "Overheating in Credit Markets: Origins, Measurement, and Policy Responses," Board of Governors of the Federal Reserve System, February 7, 2013, http://www.federalreserve.gov/newsevents/speech/stein20130207a.htm.
14. Jaime Caruana, "Macro-Prudential Policies: Opportunities and Challenges," speech to the Tenth High-Level Meeting for the Middle East and North Africa, Bank for International Settlements, December 9, 2014, http://www.bis.org/speeches/sp141219.pdf.
15. "Staff Guidance Note on Macro-Prudential Policies," International Monetary Fund, December 2014, http://www.imf.org/external/np/pp/eng/2014/110614.pdf.

第十八章 当一个坏社区里的好房子，很难

1. Martin Wolf, "A Rebuff of China's Asian Infrastructure Investment Bank Is Folly," *Financial Times,* March 24, 2015, http://www.ft.com/intl/cms/s/0/0dff595e-d16a-11e4-86c8-00144feab7de.html.
2. Mohamed A. El-Erian, "M&A Boom Must Evolve to Create Growth," *Financial Times,* August 20, 2014, http://www.ft.com/intl/cms/s/0/d3b11b24-26c5-11e4-8df5-00144feabdc0.html.
3. Michael MacKenzie and Eric Platt, "US Companies on Course to Return $1 Trillion to Shareholders in 2015," *Financial Times,* April 12, 2015, http://www.ft.com/intl/cms/s/0/2c1a34d8-dfa5-11e4-a06a-00144feab7de.html.

第十九章　解决十大挑战

1. "Q and A with Charles Plosser, President of the Fed: Raise Interest Rates Sooner Rather than Later," *New York Times*, January 30, 2015, http://www.nytimes.com/2015/01/30/upshot/q-and-a-with-charles-plosser-of-the-fed-raise-rates-sooner-rather-than-later.html.
2. Chris Giles and Ferdinando Giugliano, "Raise Rates or Face 'Devastating Bubbles,' Says Fed Official," *Financial Times*, March 23, 2015, http://www.ft.com/intl/cms/s/0/62c65f4c-d15f-11e4-86c8-00144feab7de.html.
3. Stanley Fischer, "Monetary Policy and the Way Ahead," speech to the Economic Club of New York, March 23, 2015, http://www.federalreserve.gov/newsevents/speech/fischer20150323a.htm.

第二十章　大政策设计的简化方式

1. Special thanks to Professor Michael Spence, who has been instrumental in helping me think through these issues.
2. The 2015 Economic Report of the President, White House Council of Economic Advisers, February 19, 2015, http://www.whitehouse.gov/sites/default/files/docs/cea_2015_erp.pdf.
3. Michael Spence, "Five Reasons for Slow Growth," Project Syndicate, September 29, 2014, http://www.project-syndicate.org/commentary/slow-economic-growth-reasons-by-michael-spence-2014-12.
4. "The Fund's Lending Framework and Sovereign Debt," International Monetary Fund, Washington, D.C., June 2014, http://www.imf.org/external/np/pp/eng/2014/052214a.pdf.
5. See, for example, "Debt Relief Under the Heavily Indebted Poor Countries (HIPC) Initiative," IMF Factsheet, Washington, D.C., September 2014, https://www.imf.org/external/np/exr/facts/hipc.htm.
6. Carmen M. Reinhart and Kenneth S. Rogoff, "Financial and Sovereign Debt Crises: Some Lessons Learned and Those Forgotten," IMF Working Paper, WP/13/266, December 2013, https://www.imf.org/external/pubs/ft/wp/2013/wp13266.pdf.
7. "Bleak Words and Difficult Homework from the IMF," *Financial Times*, October 5, 2014, http://www.ft.com/intl/cms/s/0/53516aec-4af6-11e4-b1be-00144feab7de.html.
8. Mohamed A. El-Erian, "The New Isolationism: Why the World's Richest Countries Can't Work Together," *Atlantic*, September 3, 2013, http://www.theatlantic.com/business/archive/2013/09/the-new-isolationism-why-the-worlds-richest-countries-cant-work-together/279282/.

第二十一章　当理想性和可行性发生分歧

1. Mohamed A. El-Erian, "Obama Sets Terms of 2016 Debate," *Bloomberg View*, January 21, 2015, http://www.bloombergview.com/articles/2015-01-21/obama-sets-terms-of-2016-debate.

2. Amartya K. Sen, "Rational Fools: A Critique of the Behavioral Foundations of Economic Theory," *Philosophy and Public Affairs* 6, no. 4 (Summer 1977), http://www.jstor.org/discover/10.2307/2264946?sid=21105866957553&uid=3739256&uid=4&uid=2&uid=3739560.
3. Mohamed A. El-Erian, "The 1 Equation Investors Need to Know to Understand the World Today," *Atlantic,* May 22, 2013, http://www.theatlantic.com/business/archive/2013/05/the-1-equation-investors-need-to-know-to-understand-the-world-today/276124/.

第二十二章　把破坏性的复杂转化为可操作的简单

1. Mohamed A. El-Erian, "What We Need from the IMF/World Bank Meetings," *Financial Times,* October 6, 2013, http://blogs.ft.com/the-a-list/2013/10/06/what-we-need-from-the-imfworld-bank-meetings/.

第二十三章　潜在结果分布的"腹部位置"

1. "The World in 2015," *Economist,* December 2014.
2. Michael J. Casey, "Flattening Yield Curve Latest Complication for Fed," *Wall Street Journal,* April 12, 2015, http://blogs.wsj.com/moneybeat/2015/04/12/flattening-yield-curve-latest-complication-for-fed/?mod=WSJ_hps_MIDDLE_Video_Third.
3. Mohamed A. El-Erian, "The Instability in Central Bank Divergence," *Financial Times,* February 26, 2014, http://blogs.ft.com/the-a-list/2014/02/26/the-instability-in-central-bank-divergence/.

第二十四章　一个分歧更大的世界（Ⅰ）

1. Mohamed A. El-Erian, "A Year of Divergence," Project Syndicate, December 8, 2014, http://www.project-syndicate.org/commentary/economic-monetary-policy-divergence-2015-by-mohamed-a--el-erian-2014-12.
2. Mohamed A. El-Erian, "Missteps and Miscalculations That Could Cost Greece the Euro," *Financial Times,* March 25, 2015, http://www.ft.com/intl/cms/s/0/a28549d6-d303-11e4-a792-00144feab7de.html.

第二十五章　一个分歧更大的世界（Ⅱ）

1. Mohamed A. El-Erian, "An Accidental Currency War," Project Syndicate, February 10, 2015, http://www.project-syndicate.org/commentary/monetary-policy-central-bank-activism-by-mohamed-a--el-erian-2015-02; and Mohamed A. El-Erian, "Rising Risk of Currency Market Instability," *Financial Times,* August 26, 2014, http://www.ft.com/intl/cms/s/0/a82d9c14-2ce4-11e4-911b-00144feabdc0.html.
2. Ben S. Bernanke, "The Logic of Monetary Policy," remarks by Governor Ben S. Bernanke before the National Economists Club, Washington, D.C., De-

cember 2, 2004, http://www.federalreserve.gov/Boarddocs/speeches/2004/20041202/default.htm.

第二十六章　一个分歧更大的世界（III）

DIVERGENCE (III): NON-ECONOMIC, NON-POLICY HEADWINDS

1. Mohamed A. El-Erian, "Greece Can Learn from Brazil and Argentina," *Bloomberg View*, January 13, 2015, http://www.bloombergview.com/articles/2015-01-13/greece-can-learn-from-brazil-and-argentina.

第二十七章　一个分歧更大的世界（IV）

1. Daniel Yergin, "Who Will Rule the Oil Market?," *New York Times*, January 23, 2015, http://www.nytimes.com/2015/01/25/opinion/sunday/what-happened-to-the-price-of-oil.html.
2. Mohamed A. El-Erian, "Good, Bad and Ugly of Lower Oil Prices," *Bloomberg View*, December 1, 2014, http://www.bloombergview.com/articles/2014-12-01/good-bad-and-ugly-of-lower-oil-prices.
3. Erik Brynjolfsson and Andrew McAfee, *The Second Machine Age: Work, Progress, and Prosperity in a Time of Brilliant Technologies* (New York: Norton, 2014).
4. See, for example, Erik Brynjolfsson and Andrew McAfee, *Race Against the Machine: How the Digital Revolution Is Accelerating Innovation, Driving Productivity, and Irreversibly Transforming Employment and the Economy* (Lexington, MA: Digital Frontier Press, 2011).

第二十八章　综上所述

1. Richard Dobbs, James Manyika, and Jonathan Woetzel, *No Ordinary Disruption: The Four Global Forces Breaking All the Trends* (New York: PublicAffairs, 2015).
2. Mohamed A. El-Erian, "Creative Self-Disruption," Project Syndicate, April 7, 2015, http://www.project-syndicate.org/commentary/consumer-sharing-economy-adaptation-by-mohamed-a--el-erian-2015-04.

第二十九章　历史告诉我们什么

1. Richard Dobbs, James Manyika, and Jonathan Woetzel, *No Ordinary Disruption: The Four Global Forces Breaking All the Trends* (New York: PublicAffairs, 2015).
2. Daniel Kahneman, *Thinking, Fast and Slow* (New York: Farrar, Straus & Giroux, 2011).
3. Lea Wineman, "A Machine for Jumping to Conclusions," *Monitor on Psychology* 43, no. 2 (February 2012).
4. Daniel Kahneman, *Thinking, Fast and Slow* (New York: Farrar, Straus & Giroux, 2011).

第三十章 认识盲点，克服偏见

1. Mohamed A. El-Erian, "Remarks at the Launch of USAID's Policy on Gender Equality and Women Empowerment," PIMCO Viewpoint, March 2012.
2. Mahzarin Banaji and Anthony Greenwald, *Blindspot: Hidden Biases of Good People* (New York: Random House, 2013).
3. Don Lovallo and Olivier Sabony, "The Case for Behavioral Strategy," *McKinsey Quarterly,* March 2010.
4. Sheryl Sandberg and Adam Grant, "Speaking While Female," *New York Times,* January 12, 2015, http://www.nytimes.com/2015/01/11/opinion/sunday/speaking-while-female.html.
5. Patricia Sellers, "El-Erian: A Gender Bias Lesson from My Daughter," *Fortune,* August 8, 2013, http://fortune.com/2013/08/08/el-erian-a-lesson-on-gender-bias-from-my-daughter/.

第三十一章 认知多样性的推进和提高

1. Scott Page, *The Difference: How the Power of Diversity Creates Better Groups, Firms, Schools, and Societies* (Princeton, NJ: Princeton University Press, 2007).
2. Scott Page, "Making the Difference: Applying a Logic of Diversity," *Academy of Management Perspectives,* November 2007.
3. Scott Page, *The Difference: How the Power of Diversity Creates Better Groups, Firms, Schools and Societies* (Princeton, NJ: Princeton University Press, 2007).
4. Scott Page, "Making the Difference: Applying a Logic of Diversity," *Academy of Management Perspectives,* November 2007.
5. Mohamed El-Erian, "Why CEOs Should Read Sheryl Sandberg's Book," *Fortune,* March 11, 2013, http://fortune.com/2013/03/11/why-ceos-should-read-sheryl-sandbergs-lean-in/.
6. Sheryl Sandberg, *Lean In: Women, Work, and the Will to Lead* (New York: Knopf, 2013).

第三十二章 把意识转化为可选性、弹性和灵活性

1. Eric Schmidt and Jonathan Rosenberg, *How Google Works* (New York: Grand Central, 2014).
2. Ibid.
3. Sheryl Sandberg, *Lean In: Women, Work, and the Will to Lead* (New York: Knopf, 2013).
4. Mohamed A. El-Erian, "Getting Real About Diversity," *American Banker,* September 18, 2013, http://www.americanbanker.com/magazine/123_10/pimcos-mohamed-el-erian-on-getting-real-about-diversity-1062068-1.html.

第三十三章 情境分析的力量

1. Further information and demonstration tests may be found on the website of Project Implicit, https://implicit.harvard.edu/implicit/demo/.
2. Gary Klein, "Performing a Project Premortem," *Harvard Business Review,* September 2007, https://hbr.org/2007/09/performing-a-project-premortem.
3. Gary Klein, *The Power of Intuition: How to Use Your Gut Feelings to Make Better Decisions at Work* (New York: Crown Business, 2004).

第三十四章 评估流动性

1. Mohamed A. El-Erian, "Global Tug of War Is Focus for Investors," *Financial Times,* February 9, 2015, http://www.ft.com/intl/cms/s/0/1e0e8662-ac80-11e4-9d32-00144feab7de.html.

第三十五章 总 结

1. John Maynard Keynes, *The General Theory of Employment, Interest, and Money* (N.p.: CreateSpace Independent Publishing Platform, 2014).
2. Norman Mailer, *The Fight* (New York: Vintage International, 1975).